KB150832

대입수시전형,

자기
소개서로
승부하라

대입수시전형, 자기소개서로 승부하라

(합격과 불합격을 결정하는 자기소개서의 모든 것)

[행복한 청소년®] 시리즈 No.5

지은이 | 권소라
발행인 | 홍종남

2017년 6월 27일 1판 1쇄 발행
2017년 12월 24일 1판 2쇄 발행 (총 6,000부 발행)

이 책을 만든 사람들

책임 기획 | 홍종남
북 디자인 | 김효정
교정 교열 | 이홍림
출판 마케팅 | 김경아

이 책을 함께 만든 사람들

종이 | 제이피씨 정동수·정충엽
제작 및 인쇄 | 다오기획 김대식, 천일문화사 유재상
베타테스터 | 조애리, 심우근, 심우진

펴낸곳 | 행복한미래
출판등록 | 2011년 4월 5일. 제 399-2011-000013호
주소 | 경기도 남양주시 도농로 34, 부영e그린타운 301동 301호(도농동)
전화 | 02-337-8958
팩스 | 031-556-8951
홈페이지 | www.bookeditor.co.kr
도서 문의(출판사 e-mail) | ahasaram@hanmail.net
내용 문의(지은이 e-mail) | 26sorakwon@naver.com
※ 이 책을 읽다가 궁금한 점이 있을 때는 지은이 e-mail을 이용해주세요.

ⓒ 권소라, 2017
ISBN 979-11-86463-26-0
〈행복한미래〉 도서 번호 057

대입수시전형,

자기
소개서로
승부하라

|권소라 지음|

행복한미래

합격을 부르는 당신의 첫인상, 자기소개서

전국에 있는 수많은 대학교의 목표는 좋은 인재를 선발하고 훌륭한 커리큘럼으로 교육해서 사회에 쓸모 있는 인재로 배출하는 것입니다. 후에 졸업생으로서 학교 이름을 빛낼 수 있는 일을 하면 더할 나위 없이 좋겠지요. 각 학생의 특성이 모두 다르기 때문에 설계한 교육과정을 잘 따를 수 있을 것 같은 사람을 골라내는 방법이 중요합니다. 이것은 각 학교에서도 상당히 고심하는 부분이고, 수많은 지원자를 일일이 만나 볼 수 없어 채택한 방법 중 하나가 바로 자기소개서입니다.

2000년대 초반 대학입시에서도 자기소개서는 필요했지만, 지금과 비교하면 그 중요도는 매우 낮았습니다. 그 당시 제일 중요한 것은 내신 성적과 수능 성적이었습니다. 주어진 문제의 정해진 답을 맞히는 능력을 가장 중요시하는 분위기에서 학생들을 평가하는 주된 요소는 오직 성적이었던 셈이죠. 그러나 현재는 학생의 성적도 중요하지만, 성적에서

▲ 이 책은 〈KBS 9뉴스〉 자기소개서 보도 중 자료 화면으로 사용되었습니다.

는 볼 수 없는 가능성을 파악하고 그 '가능성'을 자기소개서에서 발견하려는 것입니다.

　성공적인 자기소개서에는 공통점이 있습니다. 그 글을 읽는 사람에게 작성자를 한 번 만나고 싶은 마음이 들도록 한다는 것입니다. 결국 자기소개서가 합격을 결정하는 첫인상이라고 할 수 있습니다. 화려한 수식어나 유려한 문장은 중요하지 않습니다. 그보다는 자기소개서의 내용으로 대략 어떤 사람일지 감을 잡을 수 있도록 선명하고 진실한 인상을 남기는 것이 더욱 중요합니다.

　몇 년간 수천수만 개의 자기소개서를 읽은 평가자는 3~30초 사이에 이 학생을 만나 볼 것인지 결정합니다. 일주일이 넘도록 끙끙대며 자기소개서를 작성하는 학생에게는 가혹한 이야기일지도 모르겠습니다. 그렇지만 냉정히 생각해보면 주어진 짧은 시간 내에 한정된 인원을 추려서 면접을 볼 준비를 해야 하기 때문에 이는 지극히 자연스런 일입니다. 그 짧은 순간 눈길을 끌 수 있도록 정말 많은 고민이 필요하겠지요?

　　여러분을 가장 잘 소개할 수 있는 사람은 바로 여러분 자신입니다. 여러분의 감정과 생각, 마음가짐과 태도는 온전히 스스로 느낄 수 있기 때문이지요. 아무리 가까운 친구나 부모라고 해도 여러분의 머릿속과 마음속에서 일어나는 일을 100% 알기란 어렵습니다. 자기 자신을 잘 모르겠다면 아직 고민을 깊게 해보지 않았다는 뜻이고, 성인이 되기 전에 스스로를 되돌아보는 좋은 기회가 생긴 것이라고 할 수 있습니다.

　　필자 외 9인은 2014년 4월, 청소년들이 고민을 해결하고 꿈을 찾을 수 있도록 도와주는 온라인 프로젝트인 '꿈을 꾸는 마을'을 시작했습니다. 이 프로젝트로 우리는 수많은 청소년의 고민을 들을 수 있었습니다. 그런데 대학입시 시즌이 되자 자기소개서에서 고등학교 3학년 학생들의 질문이 쇄도했는데, 현실적 문제를 도와주고자 2년간 '자기소개서 첨삭 프로젝트'를 진행했습니다. 공식적, 비공식적으로 1,200여 명가량의 자기소개서를 첨삭해 주었습니다. 수많은 친구가 이 프로젝트로 대학입시 서류 심사를 통과했는데, 심지어 자기소개서로 역전을 이루었다는 소식도 전해 왔습니다.

이 책은 비슷한 고민을 가진 전국의 고등학생을 도와주고자 자기소개서를 쓰는 방법과 기술을 완벽히 해부한 결과물입니다. 고등학교 3학년 학생들은 좋은 자기소개서를 쓰는 자세와 방법, 잘 쓴 사례와 부족한 사례를 읽어 보며 짧은 시간 내에 효율적으로 자신의 글을 돌아볼 수 있을 것입니다. 고등학교 1·2학년 학생들은 어떤 활동을 하고 무엇을 기록하면서 남은 고등학교 생활을 보낼지 계획할 수 있을 것입니다. 선생님과 학부모는 학생이나 자녀와 어떤 질문을 하고 대화를 해야 할지 힌트를 얻을 수 있을 것입니다.

백지를 앞에 두고 눈앞이 캄캄한 청소년에게, 이 책이 속 시원하게 방향을 제시할 수 있기를 희망합니다. 여러분이 매력적인 인재라는 사실을 대학교 관계자들이 알 수 있도록, 꿈을 향해 나아가는 열차에 오를 수 있도록 자기소개서를 함께 시작해볼까요?

권소라

Part 1

내 인생의
첫 자기소개서

01

대학이 원하는 자기소개서는 따로 있다

안녕하세요, 여러분! 이 책을 읽고 계신 여러분 중에는 자기소개서 작성을 바로 앞두고 있는 고등학교 3학년 학생도 있고, 자기소개서가 무엇인지, 또 고등학생 시절 동안 어떤 활동을 해야 하고 무슨 내용을 담아야 하는지 궁금한 고등학교 1, 2학년 학생도 있을 테고, 심지어는 중고등학생을 자녀로 두신 학부모님들도 계실 겁니다. 여러분은 자기소개서가 무엇이라고 생각하나요? 자기소개서에 대해 알기 위해 국어용어사전의 일부를 참고해보면 다음과 같이 설명하고 있습니다.

다른 사람에게 자기를 알리는 글. 자기소개서는 자기를 알리기 위한 글이다. 자기를 소개하는 이유는 자기를 소개하는 상황과 연결 지어 생각해볼 수 있다. 학교에서 동아리에 가입하거나, 사회의 어떤 단체나 직장, 대학교 등에서 인재나 학생을 뽑을 때 흔히 자기소개서를 제출하게 된다. 사람을 뽑는 곳에서는 자기소개서에 기록된 내용을 바탕으로 해당 장소에 지원 신청한 사람이 그곳에 적합한 사람인지 아닌지를 판단하게 된다. 따라서 여러 가지 상황의 자기소개서에서 자기소개를 할 경우에는 논리적으로, 그리고 거짓 없이 자기를 알릴 필요가 있다.★

국어 용어사전에서는 특정한 상황을 가정하지 않고 널리 사용되는 일반적인 자기소개서의 의미를 나타내고 있습니다. 하지만 대부분의 학생 여러분이 아마 인생에서 처음으로 쓰게 될 자기소개서는 대학 입시 과정에서 작성하는 자기소개서일 것입니다. 따라서 입시를 앞두고 자기소개서가 무엇인지, 자기소개서를 어떻게 써야 할지 궁금해 하는 분들의 입장에서는 국어 용어사전에서 내리는 정의보다 한국대학교육협의회에서 내리는 정의가 더 의미가 있을 것으로 생각됩니다. 그렇다면 대학 입시를 주관하는 한국대학교육협의회가 생각하는 자기소개서란 무엇일까요? 한국대학교육협의회에서는 자기소개서를 다음과 같이 설명하고 있습니다.

자기소개서는 학교생활기록부, 교사추천서와 함께 입학사정관 전형(학생부종합전형)의 중요한 전형 자료 중 하나입니다. 자기소개서는 학생 자신의 내면에서 성장하고 있는 꿈과 열정을 확인할 수 있는 자료이며, 자신의 장점을 효과적으로 부각시킬 수 있는 자료입니다. 자기소개서는 자신이 어떤 환경 속에서 자라왔으며, 학교생활에서는 무엇을 배우고 느꼈는지, 자신의 진로를 위해 어떤 준비를 하고 어떠한 노력을 기울였는지, 지원 대학 및 지원 학과에 적합한 자질을 충분히 갖추고 있는지 등을 표현하는 글입니다. 학교생활기록부와 교사추천서가 교사의 눈으로 본

학생의 특성을 나타낸 것이라고 한다면, 자기소개서는 자신의 생각과 관점을 스스로 나타낸 글이라 할 수 있습니다.★★

한국대학교육협의회에서 공개하고 있는 위의 설명을 보면 한국대학교육협의회에서 생각하는 자기소개서란 고등학생의 입장에서 지금까지 겪어왔던 경험과 참가했던 활동을 토대로 가슴 속에 품고 있는 꿈과 열정에 대해 설명하고, 스스로를 뽐내는 글입니다. 그렇다면 자기소개서는 다른 여러 종류의 글과 어떤 차이점이 있을까요?

★ 『Basic 중학생을 위한 국어 용어사전』, 2007. 8. 25, (주)신원문화사
★★ 현직 입학사정관에게 듣는 입학사정관 전형(학생부종합전형) 100문 100답, 한국대학교육협의회.

02

자기소개서, 문학과 비문학의 이중주

과거부터 현재에 이르기까지 우리 사회에는 다양한 종류의 글이 존재해왔습니다. 주변에서 흔히 볼 수 있는 신문에서는 기사와 논설을 볼 수 있고, 방 한구석에 놓여 있는 책장에서는 수필과 소설을, 심지어는 길거리에서도 광고판이나 안내판을 통해 광고문과 안내문을 어렵지 않게 볼 수 있습니다. 글은 크게 시, 소설, 수필 등을 포함하는 문학과 설명문, 논설문, 광고문 등을 포함하는 비문학으로 나눌 수 있습니다. 교육청이나 평가원 모의고사나 대학수학능력시험의 국어 영역 역시 문학 부분과 비문학 부분으로 나누어져 있습니다.

먼저 문학에 속하는 시, 소설, 수필, 희곡에 대해 간단하게 알아봅시다. 시는 함축적이고 압축된 단어를 이용해 시인의 창의적인 생각이나 감상을 표현한 짧은 글입니다. 짧은 글이라는 형식상의 특성으로 인해 시인의 생각과 감상은 직접적이기보다는 비유적, 간접적으로 드러납니다. 소설은 인물, 사건, 배경을 요소로 작가가 상상을 통해 있음 직한 일을 창작한 글입니다. 수필은 작가가 자신의 생각이나 실제로 겪은 일을 적은 글인데, 허구성에 바탕을 두고 있는 소설과는 달리 사실성에 바탕을 두고 있습니다. 마지막으로 희곡은 해설과 대사, 지문으로 구성되며 무대 상연을 목적으로 꾸며낸 글입니다. 시, 소설, 수필, 희곡 등의 문학은 공통적으로 지은이의 감상, 감정 등 주관적인 느낌을 포함하고 있음을 알 수 있습니다.

문학과 구별되는 비문학에는 설명문, 논설문, 광고문 등이 있는데, 설명문은 다른 사람의 이해를 돕는 것을 목적으로 특정 대상을 묘사하는 지식이나 정보를 전달하는 글입니다. 이때 설명문이 포함하고 있는 모든 정보는 다른 사람들에게 잘못된 정보를 전달할 위험을 방지하기 위해 정확하고 객관적으로 입증이 되어 있어야 합니다. 논설문은 상대방을 설득해 납득시키고 자신의 주장에 동의하도록 하는 목적을 갖는 글로, 글쓴이의 주장이나 의견이 담겨 있습니다. 이때 글쓴이의 주장과 의견을 뒷받침할 수 있는 타당한 근거를 함께 제시해야 합니다. 마지막으로 광고문은 특정 대상을 널리 알리고 선전하는 것을 목적으로 하는 글로, 대상의 특징과 특이점이 담겨 있습니다. 광고문의 경우 짧은 문구를 이용해 사람들의 주목을 끌어야 하므로 대상을 가장 잘 표현할 수 있는 대표적인 특징을 부각하는 경향이 있습니다. 하지만 이 경우에도 대상이 갖고 있는 사실만을 명시해야지, 허위나 과장을 해서는 안 됩니다. 이처럼 비문학은 공통적으로 내용의 객관성과 근거의 타당성을 기반으로 서술되어 있음을 알 수 있습니다.

문학과 비문학의 특징

	문학	비문학
종류	시, 소설, 수필, 희곡 등	설명문, 논설문, 광고문 등
특징	주관적인 느낌을 포함	내용의 객관성, 근거의 타당성

　지금까지 문학과 비문학에 포함되는 다양한 종류의 글에 대해 간략히 알아보았습니다. 이를 토대로 여러분이 쓰고자 하는 자기소개서를 비교해보면, 자기소개서는 문학이 갖는 특징과 비문학이 갖는 특징을 모두 갖고 있다고 할 수 있습니다.

　앞서 한국대학교육협의회에서 밝힌 자기소개서에 대한 설명을 다시 한 번 생각해봅시다. 대학입시를 준비하는 시점까지 자기가 겪었던 사건이나 참여했던 활동을 기술하는 데에는 객관성과 타당성이 필요하고, 사건과 활동을 통해 자신이 느낀 감정을 표현하고 지원하고자 하는 학교, 학과에 자신이 얼마나 적합한지를 설명하고 자랑하는 것에는 자신만이 가질 수 있는 주관성이 드러나게 됩니다. 따라서 자기소개서를 처음으로 접하거나 그 개념이 애매하게 느껴진다면 주변에서 흔히 접할 수 있는 문학과 비문학의 특징을 생각해보면 좀 더 이해가 쉬울 것입니다. 더 나아가 문학의 주관성과 비문학의 객관성을 이용해 자기소개서 양식을 자신만의 이야기로 채운다면 누가 보아도 훌륭한 자기소개서를 완성할 수 있습니다.

03

내신만큼 중요한 자기소개서

최근 대학입시의 경향은 '지속적인 수시의 강세'와 '학생부 관련 전형'의 부상으로 요약할 수 있습니다. 기존의 입학사정관 전형은 그 이름을 '학생부종합전형'으로 바꾸어 부르게 되었으나 기본적인 개념은 같습니다. 학생부종합전형 역시 기존의 입학사정관 전형과 마찬가지로 입학사정관에 의해 서류평가와 면접평가가 이루어집니다. 한국대학교육협의회(대교협)에서 밝힌 입시 방향은 다음과 같이 정리할 수 있습니다. 우선 수시 모집의 경우 학생부와 논술 위주로, 정시의 경우 수능과 실기 위주로 간소화됩니다. 또한, 대학들은 수시의 수능 최저학력기준을 완화하고 그 최저학력기준은 반드시 수능 등급으로 결정해야 합니다. 나아가 같은 전형 내의 '우선 선발' 전형을 금지하고, 대학별 고사(논술 고사, 구술면접, 적성 평가)는 지양하고 학생부 활용을 점차 확대한다는 입시 지침을 발표하였습니다.

이와 같은 점진적인 변화와 더불어 정부는 사교육비를 줄인다는 목표 아래 수시 모집의 인원을 지속적으로 확대하고 있습니다. 모든 대학이 정부와 대교협의 방향과 같은 입장을 고수하는 것은 아니지만, 장기적 관점으로 보았을 때 이러한 경향은 앞으로 수년간 뚜렷하게 유지될 것으로 보입니다. 결과적으로 앞으로의 입시에서 수시 모집의 증가와 학생부전형의 강화라는 두 가지 요소가 동시에 작용하여 학생부종합전형이 대입의 가장 큰 축을 담당할 것이라 예상할 수 있습니다.

학생부종합전형의 확대는 대학이 점진적으로 각자의 대학에 더 잘 어울리는 학생을 선발하겠다는 선언과 같습니다. 과거와 같이 본고사 형식의 논술 고사 혹은 수능으로만 학생을 선발하는 경우, 각 대학은 그 전년도의 입시 결과에서 크게 벗어나지 않는 학생들을 선발할 수밖에 없었습니다. 그러나 학생부종합전형을 통해 학생을 선발한다면, 각 학교는 지원자들 중에서 자신이 선발하고 싶고, 키워내고 싶은 인재상에 부합하는 학생들을 더 적극적으로 선발할 수 있게 됩니다. 결과적으로 학생부종합전형은 대학이 더욱 자유롭게 학생들을 선발하는 기회라고 할 수 있으며, 바로 이런 취지에서 각 대학의 학생 선발기준이 결정됩니다. 그러나 각 대학이 자신들의 입맛대로 학생들의 정보를 요구할 수 있는 것은 아닙니다. 대학들 대부분은 같은 서류를 요구하고 있으므로, 각 학교의 선발기준만 명확하게 이해하고 있다면, 오히려 학생부종합전형은 이를 준비하는 학생들에게 훨씬 더 유리하거나 많은 가능성을 주는 전형입니다.

그렇다면 학생부종합전형에서 대학이 요구하는 서류는 구체적으로 어떤 것이 있을까요? 일반적으로 필요한 서류는 학생부 기록과 자기소개서가 있습니다. 첫째로 학생부 기록의 경우 선발의 기본이 되는 내신 성적뿐 아니라, 생활기록부를 통해 지원자가 다른 학생에 비해 표면적으로 드러나는 특징들을 대학에 보여주는 역할을 합니다. 이런 학생부 기록을 통해 대학은 지원자가 주어진 학교생활을 얼마나 열심히 수행하였는지를 포함하여, 학생에 대한 일반적인 사실을 알 수 있게 됩니다. 그 때문에 많은 대학들이 학생부 기록을 통하여 그 대학에 진학할 만한 학생인지, 그렇지 않은지에 대한 대략적인 지침을 정하게 됩니다.

그리고 학생부종합전형에서 학생에게 요구하는 또 다른 문서가 바로 자기소개서입니다. 대부분의 대학이 대교협에서 제시한 공통 질문들로 구성된 자기소개서를 요구하는데, 대학들은 각 학생의 자기소개서에 드러난 개인적인 경험과 생각을 통해 그 대학이 추구하는 인재상에 적합한 학생인지 그렇지 않은지 가려내게 됩니다. 결과적으로 대학은 학생부 기록을 통해 선발하고자 하는 학생들의 대략적인 합격선을 결정하고, 자기소개서를 통해 세부적으로 각자의 선발기준을 만족하는 합격자를 선발하게 됩니다.

예를 들어 서울대학교의 경우 다음과 같은 인재상을 통해 학생을 선발한다고 하였습니다. (서울대학교 학생부종합전형 안내 책자 참조)

- 학교생활을 성실히 수행하고 학업능력이 우수한 학생
- 학교생활에서 적극적이고 진취적인 태도를 보인 학생
- 다양한 교육적, 사회적, 문화적 배경과 경험을 지닌 학생

- 사회적 약자에 대한 배려와 공동체 의식을 가진 학생
- 글로벌 리더로 성장할 수 있는 자질을 지닌 학생

서울대학교는 이러한 기준들과 더불어 '정형화된 공식과 기계적인 수치는 학생의 다양한 능력을 모두 보여줄 수 없다', '지원자의 서류를 바탕으로 학업능력뿐만 아니라 학업에 대한 노력, 의지, 열정, 적극성, 도전 정신, 발전 가능성 등을 종합적으로 평가하겠다' 등의 부가적인 설명을 덧붙였습니다.

결론적으로, 각 대학은 학생부 기록을 통한 내신 점수만으로 학생을 선발하는 것은 대학의 입장에서 편리한 방법이지만, 실제로 대학과 사회가 요구하는 인재를 선발하는 데 가장 적합한 방법은 아니라고 주장하고 있습니다. 이를 보완하기 위해 학생들의 잠재력과 발전 가능성을 자세히 평가하는 방법을 고민하게 되었고, 이것이 많은 대학이 주장하는 '학교생활기록부 내용을 기본으로 하는 종합적이고 다면적인 평가', 즉 학생부종합전형이라는 형태로 확립된 것입니다.

왜 자기소개서는 입시에서 주목받게 되었을까

그렇다면 '학생들에 대한 다면적인 평가'는 실제로 어떤 방식을 통해 학생부종합전형에 적용되었을까요? 위에서 언급했던 것과 같이 대학이 학생에게 요구하는 서류는 일반적으로 두 가지밖에 없으므로, 대학이 요구하는 여러 가치(노력, 의지, 열정, 적극성, 발전 가능성 등)를 구체적으

로 드러낼 수 있는 자료는 자기소개서가 유일합니다. 물론 학생부 기록에 나타나 있는 학생들의 장래희망이나 선생님의 평가 자료 역시 중요하지만, 이는 그 자체로 의미를 가진다기보다는 자기소개서에 신빙성을 부여하는 역할에 가깝다고 할 수 있습니다. 이 때문에 학생이 쓰는 자기소개서는 실제로 입시에 큰 영향을 끼치고, 합격과 불합격의 당락을 좌우합니다. 특히 지원자들의 내신 점수가 크게 다르지 않은 중위권·중상위권 대학의 경우 자기소개서의 평가에서 드러나는 학생들 간의 차이가 더욱 크므로, 자기소개서의 영향력이 훨씬 크게 작용합니다.

그러면 구체적으로 각 대학에서 학생들에게 요구하는 자기소개서는 어떤 문항들로 구성되어 있을까요? 교육부와 대교협은 매년 학생부 전형에서 활용되는 자기소개서와 교사추천서의 공통양식을 정하여 발표하고 있습니다. 자기소개서 문항에는 매년 변화가 있지만, 그 폭은 아주 작으며, 문항의 표현이 다소 달라질 뿐 학생들이 자기소개서에 포함해야 하는 내용은 크게 변하지 않습니다. 2015학년도 입시에서 사용되었고 2016학년도 입시에도 동일하게 사용한 자기소개서의 항목들은 다음과 같습니다.

- 고교 재학 기간 중 학업에 기울인 노력과 학습 경험(1,000자 이내)
- 고교 재학 기간 중 의미를 두고 노력한 교내 활동 3가지(1,500자 이내)
- 학교생활 중 배려, 나눔, 협력 등을 실천한 사례와 느낀 점(1,000자 이내)
- **자율문항**(1,000자 혹은 1,500자 이내, 대학이 자율적으로 선택)

위와 같은 문항들로 미루어보아, 앞서 이야기했던 것처럼 대다수의 대학이 단순히 점수와 성적으로만 학생을 평가하는 것이 아니라, 자기소개서를 통해 그 학생에게 어떤 잠재력이 있는지, 각 대학에 어울리는 사람인지 평가하고자 하는 의지가 있다는 것을 알 수 있습니다. 그리고 이렇게 제안된 자기소개서는 실제로 학생부종합전형에서 큰 영향력을 발휘하고 있습니다. 교육당국은 내신 점수처럼 자기소개서를 점수화할 계획은 없다고 밝히고 있지만, 최근의 입시 결과를 살펴보면 학생부 기록은 각 학생을 평가하는 데 지표로 사용되고 있습니다. 따라서 대학입시를 준비하는 학생들이 좋은 결과를 얻기 위해서는 자기소개서를 효과적으로 작성할 필요가 있습니다.

하지만 많은 학생들이 이렇듯 입시에 중요한 자기소개서를 작성하는 데 있어 어려움을 느끼고 있습니다. 자신이 어떤 사람인지 표현하기에 1,500자 정도의 분량은 많은 양이 아님에도 불구하고, 학생들은 주어진 분량을 채우는 것조차 힘겨워합니다.

학생들이 자기소개서를 작성하는 것에 어려움을 느끼는 것은 이와 같은 종류의 글을 효과적으로 작성해본 경험이 없기 때문입니다. 어떤 학생들은 대학에서 요구하는 가치들을 전혀 이해하지 못한 채 자기소개서를 작성하기도 합니다. 또 어떤 학생들은 그에 대해 어렴풋하게 이해하면서도, 그것을 글로써 녹여내 자신의 언어로 표현하는 것에 익숙하지 못합니다.

이처럼 대부분의 학생들은 주어진 항목을 보면서도 어떻게, 어떤 글을 써야 할지 몰라 고민하곤 합니다. 자기소개서는 자기 자신을 소개하는 글인데, 이는 기본적으로 자신에 대한 이해가 부족하기 때문입니다. 따라서 평소에 스스로에 대해 많은 생각을 하고, 어떤 가치관과 꿈을 가지고 살아가야 하는지 고민해왔던 학생이라야 진솔한 자신의 이야기를 쓰고, 자신의 가치를 효과적으로 보여줄 수 있습니다.

앞으로 자기소개서를 쓰기 전에 학생들이 준비해야 하는 것은 무엇인지, 스스로에 대한 어떤 이해가 필수적으로 수반되어야 하는지 이야기할 것입니다. 나아가 구체적으로 자기소개서의 각 항목에 어떤 내용을 포함해야 하는지도 다룰 것입니다.

한 가지 주의해야 할 점은, 한국대학교육협의회에서 학생부와 관련 없는 외부 스펙(교외 수상 실적, 학교장의 허락을 받지 않은 외부 활동, 공인 어학 성적 등)을 작성할 경우 자기소개서 전체를 0점으로 처리하거나, 그 부분에 점수를 일절 배당하지 않는 방식을 고수하고 있다는 것입니다. 따라서 학생들은 각 학교의 지원 지침을 꼼꼼히 확인해야 합니다.

04

지금의 자기소개서, 미래의 자신을 위한 투자

자기소개서는 단순히 대학에서 형식적으로 요구하는 성격의 문서가 아니며, 점점 더 입시에서 큰 영향력을 보이고 있습니다. 하지만 효과적인 자기소개서를 쓰는 학생은 많지 않습니다. 학생들은 자기소개서를 통해 자신의 생각과 비전, 그리고 매력을 드러낼 수 있어야 합니다. 더 구체적으로는 자신이 지원하고자 하는 대학, 또는 특정 학과와 자신을 연관 지어서 작성하는 것이 필요합니다.

자기소개서는 자신의 경험과 생각으로부터 시작하지만, 무엇보다도 자기 스스로에 대한 이해가 뒷받침되어야 합니다. 그렇지 못한 상태에서 작성한 자기소개서는 그 깊이가 얕아 단순히 지원하고자 하는 학과에 맞추어 꾸며낸 글에 불과하며, 읽는 사람에게 정확한 자신의 생각을 전달할 수 없습니다. 깊이 있는 자기소개서를 쓰기 위해서는 스스로가 평소에 어떤 생각을 가지고 살아가는지, 자신의 장점이 무엇이고 단점은 무엇인지 알고 있어야 합니다. 나아가 본인이 어떤 꿈을 가지고 있으며, 어떤 가치관을 가지고 삶을 살고 있는지 생각해보는 것이 필수적입니다.

많은 학생들이 대입을 준비하면서 처음으로 자기소개서를 작성한다는 사실을 고려해볼 때, 자기소개서를 준비하는 과정은 유소년기부터 청소년기에 이르기까지 성장해온 자신을 전체적으로 돌아보고, 자신이 어떤 사람인지에 대해 이해하고 알아가는 것과 큰 연관이 있습니다. 나아가 청소년기를 마감하며 미래에 대해서는 어떤 계획을 세우고 있는지, 또 이루고 싶은 꿈은 무엇인지, 어떤 가치관을 가지고 살아갈 것인지에 대해 정리할 수 있는 좋은 기회입니다.

자신을 타인에게 소개하고 드러내는 것은 대학입시에서뿐만 아니라 인생 전반에 걸쳐 줄곧 반복하게 되는 일입니다. 자기소개서에서는 글로, 면접에서는 말과 행동을 통해 자신을 다른 사람에게 소개하게 됩니다. 자기소개의 형식은 조금 다르지만 시간이 지날수록 '자신을 어떻게 소개하는가'는 점점 더 중요해집니다. 어떤 사람이 가지고 있는 '생각'과 그것을 표현하는 방법이 그 사람을 판단하는 기준으로 작용하는 경우가 많기 때문입니다. 따라서 대입에서의 자기소개서는 학생들이 인생에서 처음으로 하게 되는 공식적인 자기소개라 할 수 있고, 앞으로 이어질 더 중요한 자기소개의 기초가 된다고 할 수 있습니다. 그리고 어떻게 자신을 효과적으로 어필할지 배울 수 있는 좋은 기회라 할 수 있습니다.

결론적으로 자기소개서는 대학입시에서 큰 역할을 하기도 하지만,

그것을 쓰기 위해 수반되는 자아 탐색과 확립을 통해 자신을 이해하는 과정이 되기도 합니다. 좋은 자기소개서를 쓰고자 노력하는 과정을 통해 대입 합격과 자아 확립이라는 두 마리 토끼를 모두 잡을 수 있었으면 합니다.

05

자기소개서를 구성하는 필수요소 4가지

학교, 학과의 인재상

대입 자기소개서에 반드시 넣어야 하는 것 중 자신이 지원하고자 하는 학교와 학과에서 요구하는 인재상과 관련된 내용은 없어서는 안 될 필수 요소입니다. 대부분의 대학교에서는 입학관리본부에 소속된 전문 입학사정관들이 서류심사를 하기 때문에, 자신이 해당 학교에서 원하는 인재라는 것을 많이 드러내야 합격할 가능성이 높아집니다. 각 학교는 공식 자료를 통해 해당 학교가 추구하는 인재상을 공표하고 있습니다. 이를 참고하여 자신이 지원하고자 하는 학교의 인재상을 포함하여 자기소개서를 작성해야 합니다.

많은 학교들이 다양한 단어와 문장으로 자신들이 원하는 인재상을 발표하지만, 여러 학교의 자료를 찬찬히 들여다보면 대부분의 학교에서 공통적으로 요구하는 인재상은 세 가지로 요약할 수 있습니다.

첫 번째는 '학업수행능력이 뛰어난 사람'입니다. 이는 쉽게 말하면 '공부 잘하는 사람'이라고 할 수 있습니다. 하지만 입학사정관은 단순히 '성적이 좋은 사람'이 아니라 '자신의 학교에 입학하여 공부를 잘할 능력이 있는 사람'을 원합니다. 따라서 자기소개서에는 "나는 선택한 전공 공부를 잘할 능력이 충분하다"라는 것을 확실하게 어필해야 합니다. 예를 들면, '나는 지금 수학 과목을 열심히 공부해서 현재 2등급이고, 학교에서는 전교 20등 내외이다. 따라서 나는 이 학교에 들어올 자격이 충분하다'라는 내용보다는 '나는 이전에는 수학이 5등급이었지만 내가 약하다고 생각한 지수로그 부분을 공부하기 위해 수업시간, 복습, 심화학습의 3단계로 나누어 열심히 공부했고, 그 결과 고2 4월 모의고사에서 첫 2등급을 받을 수 있었다'라는 내용이 더 매력적입니다. 왜냐하면, 단순히 자신의 성적만 강조하는 전자의 서술에 비해 후자의 내용은 본인이 학업 측면에서 기울인 노력과 학업 능력에 대한 잠재력을 어필하고 있기 때문입니다.

두 번째는 '리더십'입니다. 많은 학교들이 '시대를 이끌어갈', '세계화를 선도할' 등의 다양한 수식어와 함께 지원자의 리더십을 자신들이 원하는 인재상으로 요구하고 있습니다. 하지만 고등학교에서 반장이나 학생회장 등 리더의 직책을 맡았던 경력이 있어야만 점수를 얻을 수 있는 것은 아닙니다. 입학사정관들은 이 리더십 항목에서 '지원자가 리더를 했다는 사실'을 보고 싶은 것이 아니라 '지원자가 리더의 위치에 있을 때 어떻게 남들을 이끄는가'를 보고 싶어합니다. 반장이나 학생회장을 한 경험이 있다면 리더십과 관련하여 더 유리하게 이야기를 풀어갈 수도 있습니다. 하지만 입학사정관이 요구하는 것은 단순한 직책이 아니라, 어떠한 활동을 이끌었던 경험입니다. 예를 들면 자신이 동아리의 부장 등으로 학교 축제 등에서 동아리 활동을 진행했던 것, 학교 선생님이 내주신 조별 과제를 팀장으로서 진행했던 것, 다툼이 있는 두 친구를 자신의 노력을 통해 오해를 풀고 화해를 하도록 도왔던 경험 등 다양한 상황에서 어떤 활동을 '이끌었는지' 잘 기술해야 합니다.

마지막은 '인성'입니다. '인성'에 대해 이야기한다고 해서 단순히 자기가 얼마나 착한지를 표현하라는 것이 아닙니다. 다른 사람과 더불어 사는 사회의 한 구성원으로서 사회에서 지켜야 할 규칙을 잘 지키고, 남을 배려하는 등 타인과 무리 없이 어울리고 함께할 수 있는 '인성'을 말합니다. 대교협 발표 3번 문항에서 학교생활 중 배려, 협력, 나눔, 갈등 관리 등 타인과 관련된 경험을 물어보는 것은 이 '인성'을 평가하기 위한 것이 목적입니다. 따라서 한 조직의 구성원으로서 자신은 타인을 어떻게 생각하고 행동하며 배려하는지를 잘 드러내야 합니다.

학과의 지원 동기 및 진로에 대한 당찬 포부

학교의 인재상 다음으로 중요한 것이 지원 동기입니다. 전체 내용에서 학교의 인재상을 기술하는 동시에 이 학과에 입학하기를 원하고, 해당 학과에 들어와서 배우는 것에 많은 관심을 가지고 있다는 것을 어필해야 합니다. 하지만 이 과정에서 학과의 인재상과 학교의 인재상을 반드시 구별하여 구성할 필요는 없습니다. 글을 전개할 때 학교의 인재상을 기술하면서 자연스럽게 학과에 대한 자신의 관심 역시 충분히 녹여낼 수 있기 때문입니다.

예를 들면, 수학과에 입학하고자 하는 학생은 자기소개서에서 학과의 인재상과 관련된 '수학에 대한 관심'과 학교의 인재상과 관련된 '해당 학교에 입학해서 공부할 수 있는 능력'을 동시에 보여야 합니다. 이 과정에서 자신이 수학 과목 공부를 하면서 수학에 관심을 가지게 되어 열심히 공부했고, 그 과정에서 어떻게 자신만의 특별한 방법으로 공부했는지를 드러내면 학교와 학과의 인재상 모두를 자연스럽게 하나의 글에 담을 수 있습니다.

학업에 기울인 노력을 묻는 1번 문항뿐 아니라 교내 활동을 물어보는 2번 문항으로도 학과에 대한 관심을 드러낼 수 있습니다. 이 항목에서 학과에 대한 지원 동기를 드러내는 경우에도, 학교에서 바라는 인재상과 자신이 어떤 활동으로 해당 학과에 대해 관심을 가지게 되었는지를 기술해야 합니다. 지원 동기는 여러 가지 방식으로 드러낼 수 있습니다. 언론학과에 가고 싶은 경우 자신이 했던 교내 활동에 언론과 관련된 일이 없더라도 언론학과를 진학하길 원한다는 것을 충분히 드러낼 수 있습니다.

예를 들면, "나는 지난 여름 벼룩시장에서 행사장을 관리하는 봉사활동을 하게 되었다. 그 과정에서 나눔과 순환을 실천하며 인간생활에 이로운 벼룩시장에 어떻게 하면 많은 사람들이 참여하도록 할 수 있을까 궁금해졌고, 그 답을 얻기 위해 여러 정보를 검색하고, SNS를 이용한 마케팅에 관련된 자료를 찾아보면서 정보를 알리고 소통하는 매체로서 언론의 중요성에 대해 깨닫게 되었으며, 언론학과에 진학하겠다는 꿈을 꾸게 되었다"와 같이 직접적으로 관련이 없어 보이는 활동을 통해서도 자신의 경험과 생각을 활용하여 학과에 대한 열정을 충분히 드러낼 수 있습니다.

한편 대학 입학을 위해서 작성하는 자기소개서라고 해서 대학생활에 대한 이야기만 담는다면 좋은 평가를 받을 수 없으며, 매력이 떨어집니다. 그 대학을 입학하고 나서 자신이 바라는 진로로 나아가 꿈을 이룬 모습도 자기소개서에 담는 것이 좋습니다. 대학교는 졸업하는 것으로 끝이 아니라, 졸업 후에 자신이 꿈꾸는 미래를 위해 교육을 받는 곳이기 때문입니다. 따라서 문항 중 마지막 부분에 자신이 바라는 해당 학과를 졸업한 뒤 꿈을 펼치는 자신의 모습을 언급하는 것이 좋습니다. 지원한 학과에 왜 입학해야 하는지, 그리고 학과의 공부를 마친 뒤에 되고자 하는 최종적인 자신의 모습을 기술한다면 굉장히 매력적인 글이 될 것입니다. 또한 이렇게 자기소개서를 작성하면 지원자로서 자신의 열정까지도 잘 드러낼 수 있습니다. 단지 해당 학과에 입학하는 것만이 목적이 아니라 입학 후 자신이 원하는 모습을 위해 노력하는 사람으로 인식될 수 있기 때문입니다. 그리고 이렇게 자신의 당찬 포부를 드러낼 때 반드시 필요한 것이 그 주장에 대한 근거와 이유입니다. 이 학과가 자신이 꿈꾸는 그 모습에 어떻게 도움이 되는지, 이 학과를 입학한 뒤 어떠한 노력을 할 것인지 등이 담겨 있어야 합니다. 따라서 자신이 지원하고자 하는 학과와 나아가 미래에 자신이 진출하고자 하는 분야에 대해 충분히 사전조사를 한 뒤 자기소개서 작성을 시작해야 합니다.

인재상에 부합하는, 사실에 기반한 활동

앞서 말했듯 자기소개서에서 가장 중요한 것이 지원하고자 하는 학교와 학과의 인재상입니다. 따라서 자기소개서에 소재로 쓰고자 하는 활동도 그러한 인재상을 잘 드러낼 수 있어야 합니다. 당연한 말인 것 같지만, 의외로 이런 기본을 지키지 못하는 학생들이 꽤 많습니다.

학생들은 자기소개서 작성을 시작하면서 자신의 생활기록부를 살펴보고, 생활기록부에 나와 있는 여러 활동 중 자기소개서에 적을 활동을 고르게 될 것입니다. 이 과정에서 명심해야 할 것은 '화려한 경험'이 아닌 '인재상에 부합하는 활동'이어야 한다는 것입니다.

1학년 때는 학급의 부반장을 지냈고 2학년 때에는 동아리의 한 부서에서 프로젝트의 리더를 맡았던 지원자가 역사교육과 또는 인문계열 학과에 지원하고자 하는 경우를 가정해봅시다. 이럴 때 많은 친구들이 부반장 경험이 화려해 보이는 경험인 것 같으니 부반장을 했던 것을 써야겠다고 생각하여, "부반장으로서 학생들을 이끌었고, 리더십을 발휘하여 한 학기 동안 열심히 공부할 수 있었다"와 같은 형식으로 글을 적습니다. 하지만 만약 1학년 때 부반장을 했던 경험보다 2학년 때 동아리의 리더를 맡아서 하나의 프로젝트를 이끌었던 경험이 그 학교의 인재상에 더 부합하는 활동이라면, 그 과정에서 자신이 한 노력, 팀원들과의 단합을 담은 에피소드를 적는 것이 더 좋은 자기소개서를 만들수 있는 방법입니다. 이 활동을 통해 자신만의 특별한 경험, 학교의 인재상, 학과에 대한 지원 동기를 모두 드러낼 수 있다면 이를 서술하는 것으로 그 학교가 원하는 인재상을 두루 만족시킬 수 있을 것입니다. 따라서 자기소개서를 준비할 때에는 제일 먼저 학교의 인재상과 부합하는 활동을 소재로 선택해야 합니다.

그리고 이렇게 선택된 활동에 대해 적을 때 가장 기본이 되어야 할 것이 자신의 활동에 대한 정확한 정보입니다. 자신이 겪은 경험과 했던 활동에 대해 정확한 정보와 사실을 기반으로 자기소개서를 작성하는 것이 필수이며, 이는 학교생활기록부에 있는 것과 일치해야 합니다. 자신이 실제로 했던 활동이라 해도 교내 활동으로서 생활기록부에 기록되어 있는지 확인하는 것이 좋습니다. 교내 활동이지만 학교가 주최한 것이 아니라서 생활기록부에 기록되지 않은 경우라면 이 활동을 토대로 자기소개서를 작성해도 되는지 등을 지원하고자 하는 학교나 관련 기관을 통해 미리 알아보고 자기소개서를 작성해야 합니다. 또 생활기록부에는 '201×년 ×월 ××일, ××교육캠프를 수행함'이라고 단순하게 기록되어 있습니다. 하지만 자기소개서를 작성하기 위해서는 해당 활동을 했을 때 자신이 그 교육캠프에서 강한 인상을 받은 활동을 언제 했는지, 정확한 날짜와 횟수 등을 따로 기록해두어야 합니다.

배우고 깨달은 점

모든 대학교에서 요구하는 자기소개서의 1, 2, 3번 문항은 각각 "고등학교 재학기간 중 학업에 기울인 노력과 학습 경험에 대해 배우고 느낀 점", "의미를 두고 노력했던 교내 활동과 배우고 느낀 점", "학교생활 중 배려, 나눔, 협력, 갈등 관리 등을 실천한 사례와, 그 과정을 통해 배우고 느낀 점"입니다. 세 가지 항목에 공통적으로 들어가는 것이 "바로 배우고 느낀 점"입니다. 이 배우고 느낀 점의 중요성은 아무리 강조해도 지나치지 않습니다.

학생들이 자기소개서를 쓸 때 가장 많이 하는 실수가 학업에 기울인 노력, 학습 경험, 교내 활동 등 자신이 한 것을 단순히 '열거'하는 것입니다. 하지만 그저 자신에 대해 나열하는 것만으로는 입학사정관에게 강한 인상을 남기는 자기소개서를 쓸 수 없습니다. 경험을 나열하는 것은 실제로 그 경험을 하지 않은 사람이라 해도 정보 검색 등을 통해 적을 수 있습니다. 하지만 그 경험을 통해 느끼고 배운 점은 자신이 직접 겪거나 생각해보아야만 적을 수 있습니다. 만일 이를 꾸며서 적는다면 진실성이 부족하여 신뢰하기 힘들다는 것이 드러나게 될 것입니다. 따라서 자기소개서에는 자신이 직접 한 경험을 바탕으로 깨달은 점과 교훈을 쓰는 것이 굉장히 중요합니다.

1번 문항인 '학업에 기울인 노력과 학습 경험에 대해 배우고 느낀 점'의 경우 대부분의 학생들이 자신이 특별하다고 생각하는 공부방법을 나열하고, 마지막에 그렇게 공부한 결과 "성적이 어느 정도 나왔고,

뿌듯했다"라는 형식으로 적는데, 이것은 입학사정관이 원하는 답변이 아닙니다. 자신만의 학습 경험에서 느낀 점을 기술하라고 하는 이유는 학교의 인재상인 '열심히 공부할 수 있는 사람'인지 아닌지를 평가하기 위해서입니다. 입학사정관은 단순히 공부를 어떤 방법으로 했느냐가 아니라 그 학생이 어떠한 노력을 했는지, 그리고 앞으로 계속 대학교에서 공부를 해야 될 사람으로서 그 노력으로 인해 어떤 교훈을 얻었으며 어떤 다짐을 가지고 있는지 보고 싶어 하는 것입니다.

예를 들어, "~한 방법으로 공부했는데, 앞으로 대학교에서 학문을 배울 때에는 **한 자세로 배워야겠다고 생각했다", "이것으로 인해 내가 하고자 하는 진로에 대해 ~한 생각을 갖게 되었다", 또는 "최선을 다하면 못할 것은 없다는 것을 알게 되었다"처럼 가치관의 변화 등 다양하게 자신의 진로, 인생에 영향을 준 깨달은 점에 대해 기술해야 합니다.

만약 이렇게 자신만이 느낀 점이 빠져 있다면 자기소개서에 적은 경험이 실제로 자신이 한 경험이라고 하더라도 입학사정관은 진정성을 의심할 수도 있습니다. 따라서 경험과 그 경험에 대한 자신의 소감을 각각 40:60 정도의 비율로 배분하여 자신만의 경험을 조금 더 자세하게, 그리고 학교에서 원하는 인재상에 맞게 기술하는 것이 중요합니다. 또한 "뿌듯했다, 학습역량이 향상되었다, 창의력을 기를 수 있었다, 동기부여가 되었다" 등과 같이 단순한 기분이나 자신에 대한 평가를 적는 것은 피해야 합니다. 학습을 하면서 구체적으로 어느 부분에 대해 자신감을 가지게 되었는지, 발전한 창의력을 어떤 부분에서 느끼게 되

었는지, 그것으로 동기부여를 받아 어떠한 노력을 해야겠다고 생각했
는지 등 자신만이 기술할 수 있는 배우고 깨달은 점을 적어야 합니다.

고려대학교에 합격한
심우근 님 케이스 스토리

"심우근 님은 고3 재학 중일 때 이 책을 읽고,
자기소개서를 작성했으며 이후 고려대학교 수시 전형에 합격하였습니다."

고려대 심우근 님

Q1. 간단한 자기소개와 어떤 전형으로 대학을 입학했는지 알려주세요.

안녕하세요. 세종고등학교를 졸업하고 2016년에 고려대학교 물리학과에 입학한 심우근입니다. 고려대학교 물리학과에는 학생부종합전형(사회공헌자전형)과 과학인재전형 두 가지 전형으로 합격했고, 서강대학교 물리학과에는 학생부종합전형(일반형)으로 합격했습니다. 그리고 경희대학교 물리학과에는 학생부종합전형(네오르네상스전형)으로 합격했습니다.

Q2. 자기소개서는 얼마나 오래 썼나요?

중학교 졸업 당시 과학고등학교에 입학하려고 자기소개서를 썼던 적이 있는데, 그때 했던 오랜 생각들을 바탕으로 1학년 때부터 혼자 써보고 선생님께 첨삭을 부탁했습니다. 물론 자기소개서 내용은 해마다 완전히 바뀌었지만 경험이 쌓일수록 더 좋은 글을 쓸 수 있었던 것 같습니다. 끊임없이 내용을 수정했는데, 자료 제출 마감 시간 전까지도 계속 글을 다듬었습니다. 이것은 사실 잘한 행동은 아닙니다. 자신이 지원한 전형에 최저등급이 있다면 자기소개서를 먼저 써놓고는 나머지 시간은 수능 공부에 집중하라고 후배들에게 전하고 싶습니다. 고칠수록 자기소개서가 발전하는 것은 사실이지만 그보다는 수능이 더 중요하기 때문입니다.

Q3. 본인이 생각하기에 자기소개서란 무엇인가요?

처음 자기소개서를 쓸 때는 내 인생을 압축하여 서술하는 일기와 같다고 생각했지만, 이제 와서 돌이켜 보니 그 이상이었던 것 같습니다. 1학년 때 미리 자기소개서를 써보면서 이 대학교에 합격할 인재는 어떤 활동들을 했고, 이 정도의 성적을 갖춘 인물일 것이라 상상하며 그 인물이 되고자 노력했습니다. 그렇기 때문에 자기소개서에 쓸 소재가 매우 많아 이를 선별하는 데 오랫동안 고민했습니다.

입학사정관의 입장에서는 학생들에게 스스로를 어필할 수 있는 하나의 기회를 주는 것이라고 할 수 있습니다. 생활기록부로 학생을 대강 판단할 수도 있지만, 남이 보는 모습과 스스로를 보는 모습은 다르기 때문입니다.

Q4. 자기소개서가 본인의 입학에 미친 영향이 크다고 생각하나요?

학생부전형에서는 내신, 과학인재전형에서는 면접이 중요 요소이지만, 이 요소가 비슷한 수준일 때 이것을 판별할 수 있는 기준은 바로 자기소개서입니다. 조금이라도 대입에서 유리한 위치를 차지하려면 최대한 열심히 써야겠죠.

Q5. 자기소개서를 쓰기 전에 했던 가장 큰 고민은 무엇인가요?

제 인생 전부를 서술하는 데 자기소개서 양식 5000자 내외는 터무니없이 부족했습니다. 따라서 내가 어떤 사람인지, 왜 이 학교에 들어가야 하는지 내용을 잘 선별하고 압축하여 입학사정관이 자기소개서만 보고도 내가 어떤 사람인지 알 수 있게 해야 했습니다. 입학사정관이 내가 했던 활동 중 어떤 것을 보고 나를 매력적인 학생으로 여길까 하는 것이 첫 번째 고민이었고, 어떻게 서술해야 추상적이지 않고 구체적으로, 간결하게 이 내용들을 모두 압축해서 자기소개서에 담을 수 있을까 하는 것이 두 번째 고민이었습니다. 저는 수식어를 많이 사용하고 문장을 길게 쓰는 편이라서 이를 고치면서 자연스럽게 글을 이어지게 쓰려고 노력했습니다.

Q6. 본인이 선택했던 소재를 이야기해주세요. 어떤 기준으로 골랐나요?

스스로 판단했을 때 저는 과학에 굉장한 열의가 있고 인문학과 인간관계에도 관심이 많습니다. 이런 점을 소개하고 싶었습니다. 그래서 절반은 과학 활동, 나머지 절반은 인문학 및 인간관계 활동으로 채우기로 했습니다. 결국 과학 공부는 스스로 가장 효과적이라고 느꼈던 친구들과 토론을 하며 공부를 했던 사례, 과학 활동은 가장 의미 있었던 대회 진출과 과학 동아리를 만든 사례, 나머지는 3년간 반장을 맡으며 해왔던 일(반에 있던 장애우 수업 듣는 것 도움, 학급문집 제작 등), 또래상담 상담자로서 활동했던 일들을 선별하여 작성했습니다. 다만 생활기록부에 꽤 자세히 서술되어 있는 내용은 자기소개서에서 굳이 다시 쓰지 않았습니다.

Q7. 각 문항별로 좀 더 자세히 이야기해주세요. 활동과 관련된 조언도 좋아요.

1번 문항은 자신의 학습 경험을 묻는 질문이었습니다. 처음에는 고등학교에서 바뀌었던 저의 공부를 대하는 태도를 서술했지만, 너무 추상적이라는 지적을 받아 고쳤습니다. 그래서 고민했던 두 가지가 1) 기숙사 친구들과 토의, 실험을 하며 과학에서 의문점을 해결했다는 내용과 2) 국어·영어·수학 선생님께 개별적으로 찾아가 과제 검사를 부탁하며 학업 동기를 얻었다는 내용이었습니다. 결국에는 물리학과를 지원하는 만큼 전반적으로 과학 분야에 관심이 돋보여야 한다는 이유로 첫 번째 내용을 선택했습니다.

2번 문항은 자신이 의미를 가졌던 교내 활동을 묻는 질문이었습니다. 여기서 떠올렸던 소재는 1) 3년간 반장을 하며 내성적인 성격을 고쳤다는 내용, 2) 반장으로서 학급문집 제작과 학교축제 화합상을 이끌었던 내용, 3) 시사토론 동아리에 들어가 많은 것을 느꼈던 내용, 4) 과학 동아리를 직접 개설했던 내용, 5) 가장 열심히 했던 과학대회를 준비했던 내용, 6) 친구들의 물리 선입견을 없애려고 학교 교지에 물리를 쉽게 설명했던 내용이었습니다. 이 가운데 두 가지 소재를 고르기로 했고, 결국 과학대회 준비와 쉬운 물리 설명 사례를 선택했습니다. 반장 활동 등 나머지 내용은 생활기록부에 비교적 많이 서술되어 있기도 했으며, 이 두 가지가 소개하고 싶은 저의 모습과도 가장 잘 부합한다고 생각했기 때문입니다.

3번 문항은 배려 등 활동을 묻는 질문이었습니다. 이 문항에서는 1) 반에서 장애우의 수업환경을 배려해준 내용, 2) 또래상담 상담자로 1학기간 친구들의 고민을 상담해준 내용, 3) 3년간 같은 양로원에 매달 봉사를 다닌 내용 중 한 개를 쓰기로 결심했습니다. 결국 첫 번째 내용으로 작성했고, 이는 나머지 내용에 비해 남이 잘 하지 않고 스스로에게도 특별한 경험이라고 생각했기에 선택했습니다.

4번 문항은 대학별로 다양했습니다. 비록 떨어졌지만 서울대학교는 세 권의 책을 골라야 했기 때문에 한 권은 과학 분야 책, 한 권은 인문학 분야 책, 마지막 한 권은 아무도 쓰지 않을 것 같은 특별한 책(80일간의 세계일주)을 선택했습니다. 카이스트, 지스트, 고려대학교는 3년간 스스로 해왔던 수많은 과학 활동을 언급하며 이 학교에 꼭 들어가고 싶은 마음, 앞으로 어떤 과학자가 되고 싶은지 드러내는 데 주력했습니다. 나머지 대학교도 이와 비슷합니다. 내 자신의 성장환경을 언급하고, 지금껏 해왔던 과학 활동들에서 느낀 점, 과학자로서 비전과 꿈을 서술했습니다.

저는 학교를 다니며 여러 활동을 하는 도중에도 이것을 자기소개서에 이렇게 쓰면 좋을 것 같다는 생각들을 자주 했습니다. 여러 소재를 정하고 이를 500~700자 내외로 쓴 후 이 내용을 몇 번 항목에 서술할지, 어떤 소재를 최종적으로 선택할지 많은 고민을 했습니다. 그 후 각 항목의 여러 소재가 나름 자연스럽게 이어지도록 노력했습니다. 만들어 놓은 소재를 자기소개서에 쓰지 않았을 때는 약간 아쉬워서 다른 소재에 조금씩 끼워 넣기도 했습니다. 예를 들어 2번 문항에서 쓰지 않은 반장 활동 소재를 3번 문항에 아주 조금 언급하는 식으로 말입니다.

Q8. 이 책이 자기소개서를 작성하는 데 어떻게 도움이 되었나요? 책을 읽고 특별히 달라진 것은 무엇인가요?

잘 쓴 자기소개서와 잘 못 쓴 자기소개서를 분별해주는 기준을 만들어주었다는 점에서 도움이 되었던 것 같습니다. 책 속 사례들을 보며 내 자기소개서 중 어떤 부분을 고쳐야 할지와 어떤 식으로 고치면 좋을지를 알 수 있었습니다. 이 책을 1학년이나 2학년 때 접했더라면 좀 더 일찍 좋은 자기소개서로 가는 방향을 제대로 잡을 수 있었을 것이라고 생각했습니다.

Q9. 마지막으로 자기소개서를 준비하는 친구들에게 하고 싶은 조언이 있다면 말해주세요.

자기소개서는 입학사정관에게 마지막으로 자신을 어필할 수 있는 기회입니다. 보통 면접에서는 자기소개서의 내용을 바탕으로 질문할 때가 많으므로 자신 있게 대답할 수 있는 내용, 이를 보고 입학사정관이 자신에게 관심이 가질 만한 내용을 위주로 서술하는 것이 좋습니다.

다른 학업에 좋지 않은 영향을 미칠 정도로 계속 자기소개서에만 매달리는 어리석은 행동은 추천하지 않습니다. 오랜 시간 계속 컴퓨터 앞에 앉아서 내용을 끄집어내기보다는 공부하다 지쳐서 잠시 쉬고 싶을 때 고등학교 기간 내가 어떤 활동을 했는지, 어떤 꿈을 가지고 어떤 일을 하고 싶은지 등을 종이에 정리해보고 마인드 맵 같은 것을 그려 보는 것이 좋다고 생각합니다. 또 자신의 신념과 가치관을 설정하여 자기소개서 전반에 이 내용이 자연스럽게 녹아들 수 있도록 하는 것이 필요합니다. 이는 면접을 준비할 때 역시 마찬가지입니다.

이 글은 그냥 제 경험을 바탕으로 쓴 글입니다. 여러분과는 다소 차이가 있을 수 있습니다. 마지막으로 조언을 하나 하자면 고등학교 때 확실히 쌓은 자신의 가치관, 신념, 공부 방법 등이 대학교에서도 매우 큰 영향을 미친다는 것을 알려주고 싶네요.

서울대학교에 합격한
조애리 님 케이스 스토리

"조애리 님은 고3 재학 중일 때 이 책을 읽고,
자기소개서를 작성했으며 이후 서울대학교 수시 전형에 합격하였습니다."

서울대 조애리 님

Q1. 간단한 자기소개와 어떤 전형으로 대학에 입학했는지 알려주세요.

안녕하세요. 저는 서울대학교 컴퓨터공학부 16학번인 조애리입니다. 수시전형 중 학생부 종합전형인 지역균형선발전형으로 합격했습니다.

Q2. 자기소개서는 얼마나 오래 썼나요?

처음 자기소개서를 써본 것은 고등학교 2학년 겨울방학 때였고, 그때는 간단히 한국대학교육협의회 공통문항만 적어보는 식으로 연습했어요. 본격적으로는 3학년 1학기 기말고사가 끝난 뒤부터 쓰기 시작했고, 여름방학 동안 틈틈이 써서 초안은 8월 중순, 방학이 끝나기 전에 작성했어요. 그리고 수정을 거쳐서 9월 초에 마무리 지었어요. 대학별 문항 여섯 개는 원서 접수를 하기 직전까지 계속 썼던 것 같아요. 한국대학교육협의회 공통문항보다 늦게 작성을 시작해서 9월 모의고사가 끝난 뒤부터 원서 접수 직전까지 다른 공부는 거의 하지 않고 자기소개서를 쓰는 데만 모든 시간을 투자했던 것 같아요.

Q3. 본인이 생각하기에 자기소개서란 무엇인가요?

생활기록부가 고등학교 3년간 활동을 모두 간략하게 담고 있다면, 자기소개서는 그 서류를 읽는 사람에게 생활기록부에는 다 담을 수 없는 '나'라는 사람의 장점을 좀 더 어필할 수 있는 마지막 기회라고 생각해요. 보통 3년간 했던 세세한 활동들이 생활기록부에는 간략하게 적혀 있잖아요. 하지만 제가 느낀 것이나 변화된 점을 자세히 설명하면서 스스로를 좀 더 파악하기 쉽게 해주고 더 나아가서는 면접할 때 기준이 되기도 하는 사용설명서 역할을 자기소개서가 하는 것 같아요.

Q4. 자기소개서가 본인의 입학에 미친 영향이 크다고 생각하나요?

저는 비평준화지역의 일반 고등학교를 나왔는데, 내신도 다른 합격한 친구들과 비교했을 때 좋은 편이 아니었어요. 학생부를 봤을 때도 제가 왜 이 학교, 이 과에 지원했는지 인과관계를 설명할 근거도 명확하게 보이지 않았어요. 그런데 자기소개서로 학생부에 간단하게 적혀 있는 여러 활동 중 저에게 중요했던 것과 지원동기를 설명할 수 있어서 '나'라는 지원자를 더 어필하는 데 도움이 된 것 같아요. 또 저는 자기소개서에 적힌 내용들을 중요하게 생각했는데, 자기소개서 내용에서 면접관에게 질문을 받으면 편하게 대답할 수 있었어요.

Q5. 자기소개서를 쓰기 전에 했던 가장 큰 고민은 무엇인가요?

공통문항과 학교별 문항까지 5000자에 달하는 분량을 채워 넣을 다양한 소재가 부족해서 소재를 정하는 것이 가장 힘들었어요. 또 고등학교 때 한 활동과 지원하는 학과가 직접적으로 연결되는 부분도 거의 없었고, 선택한 소재들이 하나로 연결되는 공통점도 없어서 어떻게 1~4번 문항을 유기적으로 연결할 수 있을지 고민을 많이 했어요. 이외에도 글솜씨가 부족해서 내가 느꼈던 점을 어떻게 해야 효과적으로 전달할 수 있을까 하는 고민도 참 많이 했던 것 같아요.

Q6. 본인이 선택했던 소재를 이야기해주세요. 어떤 기준으로 골랐나요?

1번 학습경험에서는 과학 수업시간에 스스로 찾아서 공부했던 내용, 2번에서는 교내 과학 동아리 활동과 수학 영재반, 3번에서는 과학 조별 활동과 동아리 활동을 연결 지어서 적었습니다. 동아리 활동에서 지원동기를 설명했고, 그 외의 활동은 정말 저에게 의미가 있고 정성을 들였던 활동을 적었어요. 처음에는 그래도 컴퓨터공학 및 공대와 관련 있는 소재를 선택하여 작성하려고 노력했어요. 하지만 그렇게 선택한 소재로는 글을 잘 쓸 수 없고, 상투적인 표현밖에 쓸 수가 없었어요. 제가 많은 시간을 투자하고 노력했던 소재를 선택하면서 자연스럽게 글을 쓰고 저를 소개하는 데 더 도움이 된 것 같아요.

Q7. 각 문항을 좀 더 자세히 이야기해주세요. 활동과 관련된 조언도 좋아요.

1번 초안을 적을 때는 '성적 하강—극복'의 구조를 선택했는데, 너무 흔한 구성이라서 다른 방법을 찾다가 공부하던 중 궁금한 점은 책을 찾아보는 등 여러 가지 방법으로 공부한 내용을 적었어요. 남들이 하지 않은 특별한 경험은 아니었지만, 그 과정에서 제가 느꼈던 점과 변한 점을 자세히 쓰다보니 단순히 성적을 올리는 공부 방법을 쓸 때보다는 '나'라는 사람을 소개하는 글 같은 느낌이 들었어요. 2번에서는 동아리 활동을 썼는데, 보통은 세 개의 소재와 세 개의 느낀 점을 쓰잖아요. 그런데 저는 동아리라는 하나의 소재로 서로 다른 방향의 느낀 점을 두 가지 서술했어요. 결론적으로 2번 문항에 소재는 두 개만 사용했지만, 세 개의 소재를 사용할 때보다 더 자세히 느낀 점을 서술할 수 있었어요.

자기소개서에는 학교에서 했던 활동만 서술해야 해서 교내에서 할 수 있는 활동이 많지 않다면 자기소개서에 담을 수 있는 소재가 부족하다고 생각할 수 있어요. 저도 그런 편이어서 걱정을 많이 했는데, 제가 스스로 시작한 동아리 활동 외에는 정말 수업 중이나 학교생활 중에 누구나 한번쯤은 했을 만한 활동으로 자기소개서를 채워 넣었어요. 남들이 하지 않는 독특한 소재면 정말 좋겠지만 흔하다고 해서 나쁜 소재는 아니고, 그 활동에서 느끼고 배운 점만 잘 적는다면 얼마든지 자기소개서를 잘 쓸 수 있을 것 같아요. 그래서 소재가 부족하다고 느낄 때는 사소한 일 하나하나까지 모두 생각해보면 좋을 것 같습니다.

Q8. 이 책이 자기소개서를 작성하는 데 어떻게 도움이 되었나요? 책을 읽고 특별히 달라진 것은 무엇인가요?

자기소개서를 처음 작성할 때 이 책을 읽게 되었는데, 자기소개서를 작성하기에 앞서 어떤 준비 과정이 필요한지 차근차근 알려주어서 막막함 속에서 방향성을 가지고 작성을 시작할 수 있었던 게 가장 좋았어요. 자기소개서를 작성하면서 흔히 저지르는 실수들이 저도 모르게 제 글 속에 있었는데, 그런 부분을 대조하여 세세하게 잡아낼 수 있어서 책을 읽은 후 더 깔끔하고 읽기 편한 자기소개서가 될 수 있었던 것 같습니다. 또 다양한 예제로 소위 말하는 '잘 쓴 자기소개서'에 감을 잡을 수 있었던 것이 가장 큰 도움이 되었어요.

Q9. 마지막으로 자기소개서를 준비하는 친구들에게 하고 싶은 조언이 있다면 말해주세요.

저는 수시 여섯 번을 모두 학생부종합전형에 지원했는데, 자기소개서에 담을 소재뿐만 아니라 글솜씨도 부족하여 대입을 준비하면서 자기소개서가 굉장히 큰 부담으로 다가왔어요. 하지만 너무 부담을 갖기보다는 내가 잘하고 좋아했던 일들을 소개한다는 느낌으로 시작하면 더 좋을 것 같아요. 그리고 저는 한국대학교육협의회 공통문항에 너무 많은 시간을 투자한 나머지, 원서 접수 직전에 4번 문항(대학별 선택문항)에 많은 시간을 투자했음에도 만족스럽게 글을 쓰지 못해서 조금 후회가 되었어요. 지금 자기소개서를 준비한다면 대교협 공통문항뿐만 아니라 4번 문항도 꾸준히 준비하는 것이 좋아요.

Part 2

합격을
부르는 비법,
자기만의 콘텐츠로
승부하라

01

자기소개서에 20년의 인생을 담아라

풀꽃

나태주

자세히 보아야 예쁘다

오래 보아야 사랑스럽다

너도 그렇다

언제 봐도 마음 한켠을 울리는 시입니다. 과자 박스에 쓰여 있는 시이기도 하고 TV 광고에도 여러 번 소개되어 여러분도 많이 접해봤을 것입니다. 30자도 안 되는 짧은 글자로 사랑하는 사람에 대한 애틋한 마음을 명쾌하게 표현해내고 있습니다. 자기소개서 이야기를 하다가 왜 뜬금없이 현대시를 인용하는지 의문이 드나요? 글이란 쓰는 사람이 느끼고 경험한 모든 것을 종합하여 토해내는 것이라는 사실을 강조하고 싶어서입니다.

「풀꽃」이라는 위의 시는 겉으로 보기에 아주 짧은 시입니다. 그래서 시를 자주 쓰고, 잘 쓰는 시인이라면 5분 내외의 시간에 완성해냈을 것이라는 느낌이 들 수도 있습니다. 어쩌면 더 짧은 시간 내에 완성되었을지도 모를 일입니다. 하지만 이 시를 쓴 시인이 '이제 시 한 편 써볼까?' 하고 앉아서 천재적인 영감을 받아 쓴 것은 절대 아닙니다. 아무리 천재적인 시인이라도 방 안에서만 오랜 시간을 보내며 이런저런 생각만 한다면, 사람들에게 오래 기억되는 시를 쓸 수 없습니다. 특히 위의 시처럼 짧지만 많은 것을 담은 시를 쓰는 것은 불가능에 가깝습니다. 번뜩이는 영감에 직접 펜을 들어 옮겨 적은 시간은 불과 5분에 지나지 않았을지도 모르지만, '번뜩이는 영감'은 5년, 10년 동안의 경험으로부터 생겨나는 것입니다. 번뜩이는 영감을 얻는 그 순간보다 오래전부터 나태주 시인은 사랑하는 사람과 아름다운 시간을 보냈을 것입니다. 그러한 경험으로부터 사랑이란 거창한 것이 아니라 오랜 시간을 함께 보내면서 그 사람의 이모저모를 알아가는 것임을 깨달았습니다. 그뿐만 아니라 시인은 사랑하는 사람에게 관심을 주면서 하나하나 세세하게 관찰하며 그 사람 자체를 고스란히 느끼는 것이 사랑임을 마음 속 깊이 깨달았을 것입니다. 진심으로 깨달은 사실을 마음 속에 간직하고 있던 시인은 어느 날엔가 산책을 하다가 작은 풀꽃을 마주하게 됩니다. 멀리서 보던, 보잘것없던 풀꽃에 가까이 다가가서 자세히 관찰해보니 그동안 몰랐던 아름다움을 느낄 수 있었습니다. 그리고 시인이 생각하던 '사랑'의 의미가 풀꽃과 겹치면서 짧은 시에 그것을 담아낼 수 있는 영감이 번득인 것입니다. 이처럼 30자가 채 안 되는 짧아 보이기만 하는 시에 시인의 인생이 고스란히 담겨 있습니다. 그렇기에 사람들의 공감을 불러일으키고 오래 기억되는 시가 된 것입니다.

비단 시뿐만이 아니라 모든 글에는 글을 쓴 사람의 인생이 녹아 있습니다. 특히 사람들의 입에 자주 오르는 글들은 글에 담긴 작가의 인생에 대한 고뇌의 깊이가 깊습니다. 여러분들이 지금 이 순간 떠올릴 수 있는 글들도 모두 그와 같은 글이며 여러분들에게 특별한 감동이나 깨달음을 주었던 글들일 것입니다.

가까이, 오래 보면 아름다운 풀꽃

자기소개서에 20년의 인생을 담아라

자기소개서도 하나의 글입니다. 따라서 사람들에게 기억되는, 합격하는 자기소개서를 쓰기 위해서는 그동안의 여러분의 인생을 토대로 미래를 그려나갈 수 있는 자기소개서를 써야 합니다. 20년간 자신은 어떤 것을 생각하며 살았고, 떠올린 생각을 어떻게 행동으로 옮겼으며, 남은 인생에 대한 비전은 무엇인지, 그리고 그 비전과 함께할 수 있는 가치관은 무엇인지, 왜 지원하는 학과를 그토록 원하며 그 학과에 진학한 뒤에는 어떤 삶을 원하는지에 대해 치열하게 고민한 것을 진심으로 담아야 하는 것입니다.

이 모든 것을 하나로 응축하면 '꿈'입니다. '꿈'이야말로 자기소개서의 당락을 결정하는 키워드입니다. 20년의 세월 동안 나는 어떤 꿈을 가지고 살아왔으며, 그 꿈을 위해 어떤 노력을 했고, 어떤 것을 배우고 느꼈는지를 쓰는 것이 자기소개서입니다. 꿈과 꿈을 이루기 위한 노력, 꿈을 이루고자 하는 의지를 진심으로 가진 사람이 쓴 자기소개서는 읽는 사람으로 하여금 명작이라 불리는 시, 소설, 수필 등으로부터 받을 수 있는 것과 비슷한 느낌을 받도록 합니다. 진심을 다해서 쓴 자기소개서는 합격과 불합격의 판단 기준을 넘어서서 가슴을 울리는 글이기 때문입니다.

자연의 경이로움을 마음껏 펼치며 그 위용을 자랑하는 빙산은 전체의 10% 정도만이 물위에 떠서 우리에게 보입니다. 하지만 우리 눈에 보이는 10% 아래에 숨어 있는 90%가 없다면 우리에게 보이는 10%도 존재할 수 없습니다. 그리고 바다 속에 있는 빙산의 90% 부분이 크면 클수록 우리 눈에 보이는 10%의 부분도 더욱 멋진 경관을 만들어낼 수 있습니다. 합격하는 자기소개서도 마찬가지입니다. 20년간의 인생을 담아 표현해낸 것이 자기소개서이지만, 자기소개서가 보여주는 부분은 여러분 인생의 10% 정도일 것입니다. 그 10%의 아래에 나머지 90%, 즉 여러분들의 지나온 시간과 생각, 꿈이 있어야만 눈에 보이는 10%가 더 빛날 수 있습니다. 그리고 그 꿈이 진심일수록 여러분이 써내는 자기소개서는 읽는 사람에게 더욱 더 매력을 어필할 수 있습니다.

어렸을 때부터 가족들끼리 경제적 문제로 다투는 일이 많았습니다. 그래서 돈이 곧 행복이라는 생각을 줄곧 하게 되었습니다. 그 때문에 고소득 직종이라고 하는 공인회계사를 장래희망으로 정했습니다. 자연스럽게 경제에 관심을 가지면서, 한국의 부의 양극화 문제에 대해 주의 깊게 보았습니다. 평범한 사람들의 노력의 산물을 상당 부분 대기업이 빼앗아간다는 것을 알게 되면서, 사회에 대한 분노가 급격히 커졌습니다. 2학년 때 그 모습을 지켜보시던 담임선생님께서 어느 날, '불만으로만 세상을 바꿀 수 없다'라고 하시며 저를 호되게 꾸짖으셨습니다. 스스로를 돌아보니 사회에 대해 불만을 갖고 화만 낼 줄 알았지, 이를 개선해보겠다는 생각을 해본 적은 없었습니다. 이러한 생각을 하고 보니 돈을 많이 벌고 싶다고 공인회계사를 진로로 선택한 것은 현실을 바꾸고자 하는 저의 의지를 대변해주는 결정이 아니었습니다. (…) 나라의 경제를 책임지는 경제부처에 들어가서 실무와 부딪혀보고 싶었고, 이 때문에 재경 공무원이 매력적으로 느껴졌습니다. 그에 따라 기획재정부 공무원이 되겠다는 목표를 굳혔습니다. 준비된 인재가 되기 위해 본교 경제학부에 진학하여 뜨거운 열정을 뒷받침할 폭넓은 지식을 배우고 싶습니다. 특히, 한국 경제의 문제가 무엇인지 구체적으로 배우고, 이를 어떻게 해결할 수 있을지를 고민해보고 싶습니다.

이 글을 읽고서 우리는 이 학생이 느낀 분노와 고민들을 100% 다 알 수는 없습니다. 하지만 그것이 결코 가볍지 않음은 느낄 수 있습니다. 뿐만 아니라 학생의 꿈에 대한 열정이 누군가에게 잘 보이기 위해 꾸며낸 것이 아니며, 마음 깊숙한 곳에서부터 우러나온 것임을 누구라도 느낄 수 있습니다. 짧은 글 속에 이 글을 쓴 학생의 인생이 녹아 있기 때문입니다. 학생이 살아온 20년의 세월이 '수면 아래의 빙산'이 되어 '수면 위로 드러난 작은 일각'인 자기소개서가 돋보이도록 띄워준 것입니다.

02

가식이 아니라 열정으로 채우는 나만의 자기소개서

모든 글에는 쓰는 목적과 읽는 목적이 있습니다. 시를 쓰는 목적은 자신이 느낀 감정을 놓치지 않고 글로 아름답게 표현해내는 것입니다. 시를 읽는 목적은 시인의 섬세한 감성으로 표현한 시를 보면서 간접 경험을 하고 일상을 더욱 풍성하게 만들고자 하는 것입니다. 논설문을 쓰는 목적은 자신의 주장을 펼치기 위해서이고, 논설문을 읽는 목적은 다양한 주장에 대해 접함으로써 자신의 주장을 다듬어가려는 것입니다. 글을 쓰고 읽는 개인마다 그 목적은 조금씩 다를 수 있습니다. 그렇다고 해도 '모든 글에는 읽고, 쓰는 목적이 있다'라는 사실은 변하지 않습니다. 그러므로 우리는 목적에 맞게 글을 쓰고 읽어야 합니다.

정확한 목적을 가지고 글을 쓴다는 것은 과녁에 활을 쏘는 것과 마찬가지입니다. 먼 거리에서 활을 쏘아 과녁을 맞히기 위해서는 정확히 조준할 수 있는 능력이 필요합니다. 만약 조준을 정확히 하지 못하면,

활은 멀리 갈수록 목표점에서 더욱 멀어지게 됩니다. 처음에는 0.1도의 작은 오차라고 여겨져도 마지막에는 목표물을 맞히지도 못할 만큼 멀리 빗나갈 수 있습니다. 글을 쓸 때도 자신이 쓰고자 하는 목적, 또한 그 글을 읽는 사람들의 목적을 제대로 판단하지 못하고 써내려간다면, 활이 과녁을 비껴가는 것처럼 여러분의 글도 환영받지 못하게 됩니다.

자기소개서도 글의 한 종류입니다. 그렇다면 자기소개서를 쓰는 목적과 읽는 목적이 무엇인지 생각해봅시다. 자기소개서를 쓰는 사람은 여러분과 같은 학생일 것이고 여러분의 자기소개서를 읽는 사람은 자기소개서를 심사할 사람입니다. 여러분들이 자기소개서를 쓰는 이유는 무엇인지, 또 그 글을 읽는 심사위원들의 목적은 무엇인지 생각해보는 것이 반드시 필요합니다. 자기소개서를 쓰는 이유는 원하는 대학의 원하는 학과에 진학하기 위함입니다. 반대로 자기소개서를 읽는 이유는 해당 학과에 적합한 학생을 선발하기 위해서입니다. 자기소개서를 읽는 심사위원들이 뽑고 싶어 하는 '적합한' 학생은 학과에 진학하기를 '원하는' 학생입니다. 자기소개서를 쓰고 읽는 목적으로부터 얻을 수 있는 분명한 사실은 합격하는 자기소개서를 쓰기 위해서는 자신이 지원하는 대학과 학과를 진심으로 '원해야' 한다는 것입니다.

당연한 사실을 놓친다면, 당연히 불합격이다

그런데 많은 학생들이 대학에 지원하기 위해 수많은 학교와 학과를 찾아보는 기준 중에 가장 큰 것이 '나의 성적으로 붙을 수 있는가?'입니다. 대학에 붙고 싶은 학생들이라면 누구나 당락에 예민해지는 것이 현실입니다. 그래서 지원하는 학과를 자신이 진정으로 원하는지보다도 지금까지 합격한 사람들의 점수에 대해서 더욱 관심을 가집니다. 아이러니하게도 많은 학생들이 합격하는 자기소개서를 쓰지 못하는 이유가 여기에 있습니다. 여러분의 자기소개서를 읽는 사람들은 해당 학과에 '원하는' 사람을 찾고 있으며, 여러분은 '원하는' 학과와 관련하여 자기소개서를 써야 합니다. 하지만 현실은 여러분이 '붙을 가능성이 높은' 학과에 지원한다는 것입니다. 결국 '원하는' 학생으로서가 아니라 '붙으려는' 학생으로서 자기소개서를 써내려갑니다. 그 결과 붙기 위해서 쓰면서도 붙지 못하게 되는 상황이 벌어집니다.

여러분이 정말로 원하는 학과가 있고 그 학과에 진학하고자 한다면 자기소개서에 주어지는 분량인 700자나 1,000자 정도는 그리 오랜 시간을 들이지 않아도 제법 잘 써낼 수 있습니다. 하지만 주변 친구들이 수시 전형에서 원서를 5~6개씩 쓰니까 불안해서 자기도 억지로 쓰는 학생, 본래 원하던 학과는 없지만 수시 전형에 응시해야 하기 때문에 그제야 다급히 붙을 수 있는 학과를 찾아보는 학생들은 조금씩 거짓말을 보탤 수밖에 없습니다. 붙을 수 있는 학교를 선택했지만 그곳에 합격하기 위해서는 해당 학과를 '원하는 척'해야 하기 때문입니다. 거짓말에는 한계가 있기 때문에 분량을 채우기도 쉽지 않습니다. 그리고 그 글을 읽는 사람도 거짓말임을 명확히 구분할 수 있습니다.

그러므로 합격하는 자기소개서를 쓰고 싶다면 지원하는 대학과 학과를 선택할 때 '붙을 수 있는가'라는 기준보다는 '원하는 곳인가'라는 기준을 우선순위에 두어야 합니다. 이 또한 여러분의 '꿈'과 관련되어 있습니다. 여러분이 대학에 가서 무엇을 배우고 싶은지, 배운 것을 바탕으로 졸업 후에 어떤 일을 하고 싶은지, 30대에는 어떤 모습을 하고 싶은지, 40대에는 사회에서 어떤 모습이고 싶은지를 생각하지 않고는 언제까지나 '원하는 척'하는 학생으로서 자기소개서를 써내려가게 될 것입니다. 지금 이 책을 읽는 여러분은 기필코 '원하는' 학과에 지원하는 학생이 되어, '원하는 척'하는 학생들과 달리 '합격하는' 자소서를 쓰기를 진심으로 바랍니다.

03

한국대학교육협의회에서 말하는 불합격 처리 기준

자기소개서를 평가항목으로 활용하는 입학사정관 전형(학생부종합전형)에서 가장 중요하게 고려하는 요소는 '학교생활에 얼마나 충실했는가'입니다. 그러므로 학교에서 주최하고 진행하는 다양한 활동에 얼마나 적극적으로 참여하고 어떤 결과를 얻었는지가 중요하다고 할 수 있습니다. 이때 학교에서 참여할 수 있는 프로그램에는 시험과는 별도로 진행되는 수행평가나 독서 활동, 독서를 기반으로 한 토론 등의 교과 수업이 있고, 교과 외적으로는 관심사를 깊게 파고 들어갈 수 있는 동아리 활동이나 방과 후 학교 활동, 창의적 체험 활동, 공모전 등이 있습니다. 이처럼 다양한 활동에 적극적으로 참여하면서 관심 분야나 전공에 대한 정보를 수집하고 앞으로 이루고자 하는 진로를 더욱 명확하게 할 수 있습니다. 이때 원래 관심을 갖고 있던 분야를 더욱 깊게 파고 들어갈 수도 있고, 원래 관심을 갖고 있지는 않았지만 활동을 통해 새롭게 알게 된 분야로 관심의 폭을 넓힐 수도 있습니다. 이를 자기소개서에 더욱 설득력 있게 서술하기 위해서는 활동에 참여했던 사실만을 기재하는 것이 아니라 활동에 기여한 노력들과 그 결과들을 토대로 무엇을 느꼈는지, 그리고 앞으로 어떻게 발전시켜나갈 것인지를 중심으로 서술해야 합니다. 더 나아가 지원하고자 하는 입시 전형, 학과와 연관시켜 설명하고 앞으로의 계획을 제시하는 것이 중요하다고 할 수 있습니다.

앞의 내용을 다시 한 번 정리해보자면 입학사정관 전형은 고등학교를 다니며 정해진 교육과정을 충실하게 이수했는지를 기본으로 어떤 경험과 활동을 해왔는지 평가하는 전형입니다. 따라서 자기소개서에 담겨야 하는 내용은 고등학교 재학 기간으로 한정되며 이 기간 동안 참여한 활동을 중심으로 자기소개서를 작성해야 합니다. 이때 고등학생 이전의 경험과 활동이 고등학생 때까지 이어진 경우에는 활동의 연속성을 증빙하기 위해 언급할 수도 있습니다. 하지만 이 경우에도 고등학생 이전의 활동보다는 고등학생 때의 활동에 초점을 맞추어 중점적으로 작성하는 것이 바람직합니다. 2018년 입시를 기준으로 한국대학교육협의회에서 공개한 자기소개서 공통양식을 살펴보면 세 개의 공통문항이 존재하는데, 세 개의 문항 모두 고등학교 재학 기간으로 제한되어 있습니다. 따라서 초등학생, 중학생 때의 경험과 활동, 수상 경력 등은 적어서는 안 된다는 것을 다시 한 번 명심하시길 바랍니다.

그렇다면 자기소개서에 적을 수 있는 내용에는 무엇이 있을까요? 먼저 무슨 내용을 적어야 하는지 알아보기 전에 자기소개서를 작성할 때 어떤 사항을 적을 수 없는지에 대해 알아보도록 하겠습니다.

아래는 한국대학교육협의회에서 발표한 자기소개서 공통양식에 적혀 있는 유의사항입니다. 제시된 유의사항을 통해 작성하면 0점 또는 불합격 처리가 되는 내용을 짚어보도록 하겠습니다.

__ 작성 시 유의사항 부분 발췌

1. 자기소개서에 다음 사항을 기재할 경우 서류 평가에서 "0점"(또는 불합격) 처리 됩니다.

1) 공인어학성적

> 영어(TOEIC, TOEFL, TEPS), 중국어(HSK), 일본어(JPT, JLPT), 프랑스어(DELF, DALF), 독일어(ZD, TESTDAF, DSH, DSD), 러시아어(TORFL), 스페인어(DELE)
> 상공회의소한자시험, 한자능력검정, 실용한자, 한자급수자격검정, YBM 상무한검, 한자 급수인증시험, 한자자격검정

2) 수학·과학·외국어 교과에 대한 교외 수상실적

수학	한국수학올림피아드(KMO), 한국수학인증시험(KMC), 국제수학올림피아드, 온라인 창의수학 경시대회, 도시대항 국제 수학토너먼트
과학	한국물리올림피아드(KPHO), 한국화학올림피아드(KCHO), 한국생물올림피아드(KBO), 한국천문올림피아드(KAO), 한국지구과학올림피아드(KESO), 한국뇌과학올림피아드, 전국정보과학올림피아드, 국제물리올림피아드, 국제지구과학올림피아드, 국제생물올림피아드, 국제천문올림피아드, 한국중등과학올림피아드
외국어	전국 초중고 외국어(영어, 중국어, 일본어, 프랑스어, 독일어, 러시아어, 스페인어) 경시대회, IET 국제영어대회, IEWC 국제영어글쓰기대회, 글로벌 리더십 영어 경연대회, SIFEC 전국영어말하기대회, 국제영어논술대회

* 위에서 열거된 항목 외에도 대회 명칭에 수학·과학(물리, 화학, 생물, 지구과학, 천문)·외국어
(영어 등) 교과명이 명시된 학교 외 각종 대회(경시대회, 올림피아드 등) 수상실적을 작성했을 경
우 "0점"(또는 불합격) 처리

** '교외 수상실적'이란 학교 외 기관이 개최한 대회 수상실적을 의미하며, 학교장의 참가 허락
을 받은 교외 수상실적이라도 작성 시 "0점"(또는 불합격) 처리

2. 학생부 위주 전형의 자기소개서는 공교육 내에서 이루어진 활동을 작성하는 취
지이므로, 위에서 제시되지 않은 항목이라도 사교육 유발 요인이 큰 교외 활동(해
외 어학연수 등)을 작성했을 경우, 해당 내용을 평가에 반영하지 않습니다.★

앞의 유의사항을 살펴보면 공인 어학성적과 수학·과학·외국어 교
과 관련 교외 수상실적을 자기소개서에 기재할 경우 서류평가에서 "0
점" 또는 "불합격" 처리가 됨을 알 수 있습니다. 다만 교외 수상실적을
제외한 다른 활동의 경우 교장선생님의 허락을 받은 교외 활동이면 학
내가 아닌 외부 활동임에도 불구하고 자기소개서에 기록할 수 있습니
다. 이때 자신이 지원한 대학이 아닌 다른 대학에서의 고교–대학 연계
프로그램에 참여한 내용도 적을 수 있으나, 대학별로 교외 활동 참여
사실을 증명하도록 요구할 가능성이 있으므로 교장선생님의 허락을
받은 사실을 입증할 수 있는 서류를 마련해 미리 대비하도록 합니다.
또한 교외 활동에 사교육의 영향이 많이 미치는 경우 교장선생님의 허
락을 받은 교외 활동이라고 할지라도 서류평가에서 제외될 수 있습니다.
지금까지 한국대학교육협의회에서 발표한 공식 자료를 이용해 자기
소개서에 적으면 안 되는 사항들을 먼저 알아보았습니다.
2017학년도 대학입시를 위한 자기소개서 600여 개를 첨삭 지도한

결과, 자기소개서에 적을 수 있는 사항으로는 크게 자기주도적 학습, 전공에 대한 관심도, 학생회 활동, 동아리 활동, 학교생활, 교내 행사, 교외 행사, 봉사활동, 캠프 참여, 주변 환경 등으로 나눌 수 있었습니다. 각 항목별로 어떤 내용을 담을 수 있을지 직접 첨삭을 지도했던 자기소개서에서 발췌, 각색한 예시를 통해 알아보도록 하겠습니다. 다음의 예시는 문장구조나 논리상으로 훌륭하고 완벽해서 뽑힌 것이 아니라 각 항목별로 적을 수 있는 소재를 알아보기 위함입니다. 이 점을 유의해서 형식이나 논리가 아닌 소재에 초점을 맞춰 읽어주시기 바랍니다.

★ 2018학년도 한국대학교육협의회 자기소개서 공통양식 참조
담당부서 : 한국대학교육협의회 입학지원팀(02-6919-3844, 3847)

04
자기소개서의 품위를 높여주는 10가지 스토리

자기주도적인 학습태도는 자기소개서의 기본

예시 1) 고등학교에 입학하면서 공부를 열심히 하겠다는 새로운 마음가짐을 하고 학교에서 공부를 잘하는 학생들을 눈여겨보았습니다. 이때 공통적으로 알 수 있던 점이 있었는데 바로 학습계획표를 작성한다는 것이었습니다. 처음에는 학습계획표가 정말 효과가 있는지 의문이 들었지만 일단 한 번 써보기로 했습니다. 역시 학습계획표를 쓰지 않던 습관이 있어서 습관을 들이는 데 어려움이 있었지만 시간이 지남에 따라 어느 정도 작성하는 습관이 생겼습니다. 이때 꼬박꼬박 학습계획표에 작성했던 항목이 바로 독서와 영어 듣기입니다. 고등학교 2학년 때까지 지속적으로 해왔던 독서나 영어 듣기가 3학년에 와서 빛을 발하게 되었는데, 특히 영어 듣기는 제가 생각해도 믿을 수 없을 정도로 많이 발전했습니다. 저는 이런 경험을 통해서 어떤 일을 하더라도 구체적인 계획을 세워서 한다면 정말 어렵고 힘든 일이라도 노력을 하면 이루지 못할 것이 없다는 것을 깨달았습니다.

예시 1)을 요약해보자면 학습계획표를 작성하는 습관을 들여 특정 과목에서 우수한 성적을 얻을 수 있었고, 이러한 경험을 통해 노력을 하면 무엇이든지 이룰 수 있다는 교훈을 얻었다는 내용입니다. 거의 대부분의 학생들이 자기주도적인 학습 태도를 나타내기 위해 수학, 영어 등의 특정 과목에 몰두해서 공부한 계기나 우수한 성적을 얻게 된 과정을 기술하고 있습니다. 하지만 위의 예시처럼 자신의 경험을 토대로 체득한 교훈까지 연결시켜 자기소개서에 기술하는 학생들은 많지 않습니다. 따라서 교훈을 강조하는 식으로 작성한다면 더욱 자기소개서가 돋보일 수 있습니다.

예시 2) 동양화를 전공하면서 점점 동양화의 매력에 깊이 빠지게 되어 대학입시를 위한 미술이 아닌 저만의 동양화를 그리고 싶었습니다. 그래서 유명 작가들의 전시회를 직접 다니면서 작가들이 어떻게 효과적으로 감정을 표현했는지 알아보았고, 어떤 붓을 사용해야 상황에 맞는 감정과 표현을 효과적으로 나타낼 수 있는지 고민하면서 수많은 연습을 했습니다. 그렇게 1학년을 보내고 2학년에 접어들게 되니 많은 고민과 연습을 한 결과가 조금씩 보이기 시작했습니다. 지금까지의 노력이 눈에 보이기 시작하면서 선생님들께 칭찬을 듣는 횟수도 늘어나고 제 자신도 만족하게 되었습니다. 하지만 칭찬을 받아 기쁜 것보다는 제가 진정으로 원하는 그림을 찾았고, 그것에 다가가도록 실험과 연구를 끊임없이 해야 한다는 것, 그리고 매일 성장하고자 하는 열망을 잃지 않아야 한다는 것을 깨달은 점이 큰 수확이라고 할 수 있습니다.

학교에서 주어지는 학습만 하는 것을 넘어 자신이 전공하고 있는 분야에 대해 스스로 심도 있는 공부를 해 좋은 결과와 교훈을 얻었다는 내용을 담고 있습니다. 예시 1)과 비슷하게 특정 과목(전공)을 다루면서 좋은 성과를 얻게 된 과정을 중심으로 서술하는 동시에, 자신이 얻은 교훈으로 마무리를 하고 있습니다.

예시 3) 고등학교에 입학했을 당시만 해도 미대를 준비한다는 이유로 수학을 소홀히 했습니다. 그 결과 고등학교에 입학해서 처음으로 치른 중간고사에서 5등급이라는 충격적인 성적을 받았습니다. 그러던 중 1학년 말에 학교에서 열린 '수학 골든벨' 참가를 위해 수학책을 읽었는데, 사람이 아름답다고 느끼는 주관적인 영역이 수학의 '황금비'와 맞닿아 있다는 사실을 알게 되었습니다. 더불어 책을 통해 수학의 원리가 적용된 독창적인 작품들을 접해볼 수 있었는데, 미술에 수학적 원리를 접목할 수 있는 구체적인 방법을 간접적으로나마 알게 되었습니다. 그 이후로 수학을 공부할 때마다 수학 노트를 만들어 수학 개념을 정리하고 그 개념을 어떻게 미술에 적용을 할 수 있을지 고민하면서 공부를 하게 되니 수학에 대한 흥미도 높아지고 한번 정리한 개념은 기억에 더 오래 남았습니다. 이러한 수학에 대한 저의 호기심은 수학에 대한 애정으로 이어졌고, 치열한 노력 끝에 고등학교 입학 당시 가장 취약했던 과목인 수학에서 우수한 성적을 얻을 수 있었습니다.

예시 3)은 다른 학생들과는 차별화될 수 있는 내용을 포함하고 있는데, 특정한 과목 하나만을 정해서 기술하는 전형적인 방식에서 벗어나 미술에 수학을 접목시켜 자신만의 특색 있는 이야기를 만들어나가고 있습니다. 이처럼 같은 콘텐츠를 이용하더라도 자기만의 이야기로 탈바꿈시킨다면 더 좋은 자기소개서로 평가받을 수 있습니다.

나만의 리더십 증명하기

예시 1) 2학년 때 전교 부회장을 지내면서 다른 학생들의 복지를 담당하고 학생회 운영을 맡았습니다. 저를 포함한 학생회 간부들은 학업 스트레스를 교내에서 건전하게 해소하는 동시에 학생 문화를 발전시킬 수 있는 방안을 고민했고, 그 결과 학생들이 직접 만든 영상과 공연을 선보이는 축제를 기획했습니다. 이 일을 준비하는 과정에서 프로그램의 구성과 진행에 대해 다양한 학생들의 의견 충돌도 있었고 학교 측과의 마찰도 있었습니다. 하지만 서로가 내세우는 입장 차이를 좁히기 위해 노력하면서 문제 해결 능력과 추진력, 더불어 사교성까지 두루 갖추게 되었고 결국에는 성공적으로 행사를 끝낼 수 있었습니다. 저는 지금까지 리더십이란 단지 많은 사람들을 이끌고 먼저 나서서 모범을 보이는 것이라고 생각했습니다. 하지만 축제를 기획하고 진행하면서 느꼈던 리더십이란 몸을 낮추어 구성원들의 목소리에 귀를 기울이고 의견을 조정해 함께 손을 잡고 나아가는 것임을 깨달았습니다.

예시 1)은 전교 부회장으로서 다양한 사람들을 이끄는 과정에서 발생한 문제들을 해결한 경험을 토대로 자신의 리더십을 증명하고 부족한 부분을 보완했던 사례입니다. 이와 같이 자신이 지니고 있는 리더십을 증명하기 위해 가장 많이 사용되는 소재는 바로 학교 임원 경험입니다.

예시 2) 저는 같은 집단에 속하는 사람들을 이끌며 다양한 활동을 시도해볼 수 있는 리더가 되고 싶었습니다. 그래서 고등학교에 입학하자마자 학급 반장 선거에 나갔지만 1표 차이로 떨어졌습니다. 이후에 있었던 전교 부회장 선거에서도 정말 최선을 다했다고 생각했지만 1표 차이로 떨어지고 말았습니다. 이처럼 연속된 실패로 인해 저는 큰 좌절감을 맛보게 되었고, 위축된 저의 태도로 성적 또한 하향곡선을 그리게 되었습니다. 하지만 더 이상 위축해 있을 수만은 없다는 생각에 저의 문제점이 무엇인지 성찰해보았고, 그 결과 친구들과의 공감 능력, 즉 소통에 부족함이 있었다는 것을 깨닫게 되었습니다. (후략)

예시 1)에서처럼 많은 학생들이 학교 임원에 당선된 경험을 바탕으로 자기소개서를 작성하고 있는데, 예시 2)는 발상의 전환으로 낙선된 경험을 토대로 자신이 부족했던 부분을 찾아내고 성찰한 과정을 제시했습니다. 이처럼 자신이 숨기고 싶은 부끄러운 부분에 대해서도 솔직하게 언급하면서 진실된 모습을 보여준다면 더욱 매력적인 자기소개서로 만들 수 있습니다.

예시 3) 고등학교 1학년 때 학교에서 선도부 활동에 참여했었습니다. 선도부원으로 활동을 하면서 등교 시간에 복장 검사를 담당했는데, 복장이 불량한 학생을 적발하고 벌점을 주는 역할이었습니다. 저는 늘 선도 활동을 할 때 얼굴이 아닌 복장만을 바라보았기 때문에 학생이 무슨 상황에 있는지 파악하지 못한 상태로 복장 불량만을 적발하기 바빴습니다. 하지만 어느 날 자신의 병을 어렵게 이야기하면서 자신의 상황을 설명하는 모습에 미안한 마음이 들었습니다. 저는 학생을 파악하지 못한 채 겉모습만 바라보며 판단하고 있었음을 깨닫고, 남을 배려하고 존중하는 모범을 보여야 할 선도부원의 역할을 하지 못한 점을 반성하게 되었습니다. 그래서 그 이후부터는 다른 학생들의 상황을 먼저 파악하기로 다짐했고, 복장 불량을 적발해 벌점을 주기 전에 어떤 이유로 이렇게 되었는지를 먼저 물어보았습니다. 제가 시작한 배려 때문인지는 모르겠지만, 복장이 불량한 학생들이 눈에 띄게 줄었습니다. (후략)

학교 내의 선도부 활동을 했던 경험도 일종의 학생 임원이라고 볼 수 있습니다. 전교 회장/부회장, 학급 회장/부회장처럼 자신의 경험과 깨달은 점을 연관시켜서 자신만의 이야기를 서술해나가면 됩니다.

다양한 동아리 활동으로 알아보는 나의 잠재력

예시 1) 고등학교에 입학한 지 얼마 되지 않아 모든 것이 낯설었지만, 동아리 선배의 가르침을 통해 학교생활이나 여러 활동을 준비하는 과정을 배웠습니다. 또한, 동아리 활동은 다른 중학교 출신의 친구들을 폭넓게 사귈 수 있던 계기가 되었습니다. 교내 과학탐구대회, 서울시 과학 축전, 학교 축제 등 과학 관련 활동에 개인이나 단체로 참가하였습니다. 이 중 학교 축제는 저희 동아리의 가장 큰 행사로서 여름방학 동안 거의 매일 학교에 나가 교실을 꾸미고 실험을 준비하면서 선후배 간의 역할을 알 수 있었고, 직접 실험을 해보고 다른 부원들이 실험하는 것을 보며 과학에 대한 흥미를 증진할 수 있었습니다. 특히 축제를 보러 온 사람들에게 실험 과정이나 원리 등을 설명하며 다른 사람 앞에서 말을 조리 있게 할 수 있는 능력과 자신감을 얻었고, 축제를 끝까지 해내며 마지막까지 최선을 다해야 한다는 끈기를 배웠습니다.

다양한 체험 활동이 강조되는 추세에 따라 고등학교에도 다양한 동아리 활동이 존재합니다. 대부분의 고등학교에서는 하나 이상의 동아리(클럽) 활동을 권장하고 있는데, 자신이 참여했던 동아리에서의 경험을 바탕으로 지원하고자 하는 전공에 대한 관심을 표현하거나 느끼고 배운 점 등을 표현할 수 있습니다. 예시 1)의 경우 과학 동아리에서 활동했던 경험을 토대로 과학에 대한 흥미를 나타내며, 새롭게 배운 점을 강조하고 있습니다.

예시 2) 다양한 분야의 책들을 접해보고 다른 사람들은 책을 읽고 어떤 의견을 갖고 있는지 공유해보고 싶어서 독서 동아리에 참여했습니다. 각자 책을 선정하고 선정한 책에 대해 자유롭게 발표나 토론을 하는 형식으로 진행되었는데, 다른 동아리 부원들이 각자 선택한 책에 대해 발표하는 내용을 들으며 이전까지 접해보지 못한 생소한 분야도 알게 되었습니다. 더불어 사회, 정치, 문화, 역사 등 다양한 분야의 주제를 가지고 토론을 해보면서 대중 앞에서 제 생각을 논리적으로 표현하는 방법을 기를 수 있었고 설득력을 가지고 다른 사람들을 설득할 수 있는 방안도 체득하게 되었습니다.

　　예시 2)도 예시 1)과 마찬가지로 독서 동아리 활동을 통해 새롭게 알게 된 분야와 자신이 체득한 점을 나타내고 있습니다. 이처럼 어느 동아리에서 활동을 하든 구체적인 경험에서 약간의 차이가 있을 뿐 이야기를 펼쳐나가는 과정은 유사하다고 할 수 있습니다.

　　예시 3) '전통음식 찾기'라는 어플리케이션은 저희 동아리에서 흘린 땀의 산물입니다. 이 어플리케이션을 개발하게 된 계기는 점점 침체기로 흘러가는 농업에 관한 영상을 보고 농업에 대한 관심을 환기시켜야겠다는 생각을 하게 되면서입니다. 이를 위해 저희는 농업을 주요 산업으로 여기고 생활하고 있는 저희 지역의 경제를 활성화시키기 위한 해결방안을 탐구해보기로 했습니다. 농업이 왜 침체되었는지, 침체된 농업을 어떻게 살릴 것인지 단계를 나눠 차례대로 분석을 하면서 해결방안을 더욱 구체화시킬 수 있었습니다. 구체화된 해결방안은 바로 지역 내 소비자와 생산자의 다리 역할을 하는 가상 어플리케이션을 개발하는 것이었는데, 농업에 종사하시는 친척분의 연락을 받고 과일을 저렴하게 구매한 경험을 통해 착안했습니다. 이를 계기로 창의적인 생각은 뜬금없이 떠오르는 것이 아니라 다양한 경험을 바탕으로 떠오르는 것임을 깨달았고, 아이디어에서 그치지 않고 이를 직접 실행하고 완성시키는 추진력을 갖출 수 있었습니다. 또한 세상을 바꾸는 방법은 멀리 있는 것이 아니라 제 주변, 제가 속한 공동체에서부터 비롯된다는 것을 배울 수 있었습니다.

학내에서 이루어진 활동을 중심으로 서술했던 예시 1), 예시 2)와는 다르게 예시 3)은 동아리 활동 범위를 학내에서 지역 사회로 넓히고 있는데, 농업을 주요 산업으로 살아가는 지역의 특성을 연관시켜 지역 사회가 갖고 있는 문제점을 인식하고, 인식한 문제점을 해결하기 위한 방법을 세우고 직접 실행까지 해본 경험을 서술하고 있습니다. 자기 자신이 긍정적인 방향으로 발전한 경험도 중요하지만 자신이 속한 지역 사회, 공동체에 긍정적인 영향을 끼치는 것도 중요합니다. 따라서 지역 공동체와 연관된 경험도 훌륭한 소재가 될 수 있습니다.

원만한 인간관계도 훌륭한 소재다

예시 1) 고등학교 3년 동안 기숙사 생활을 하면서 친구들이나 선후배들과 지내는 시간이 집에서 지내는 시간보다 훨씬 많았습니다. 기숙사는 여러 사람이 함께 생활하는 일종의 작은 사회이다 보니 다른 사람과의 원만한 의사소통을 위해 제 자신을 낮추고 남을 위한 배려가 필요함을 알게 되었습니다. 하나의 예시로 저는 아침에 늦게 일어나고 늦은 밤까지 공부하는 올빼미형 공부 스타일을 갖고 있었지만, 같은 방을 사용하는 룸메이트는 아침 일찍 일어나고 일찍 잠에 드는 아침형 인간이었습니다. 서로 다른 생활 패턴으로 인해 기숙사 생활 초반에는 갈등을 빚기도 했지만 대화를 통해 각자 몸에 배어 있는 생활 패턴을 공유하고 이해하며 서로의 부족한 부분을 채워줄 수 있었습니다. 이로써 서로가 이득을 얻을 수 있게 되었고, 같은 사회에 속하는 사람을 이해하고 배려하는 방식에 대해 알게 되었습니다.

고등학생 때부터 기숙사에서 생활하는 학생들의 경우 기숙사에서 겪는 다양한 에피소드를 이용해서 다른 학우들과의 원만한 인간관계를 부각시킬 수 있습니다. 살아가면서 일상적으로 겪을 수 있는 정말 사소한 에피소드라도 자신을 잘 나타낼 수만 있다면 예시 1)처럼 콘텐츠로 사용할 수 있습니다.

예시 2) 고등학교에 올라와서 공부 외에 다른 활동에 별다른 소질이 없었던 저에게 다른 친구들보다 잘하는 것이 한 가지 생겼는데, 그것은 바로 축구입니다. 고등학교에 진학해 1학년에 처음 사귄 친구가 축구를 좋아해서 같이 하게 되었는데, 친구들과 함께 축구를 하다 보면 승부에 너무 몰입한 나머지 감정이 격해져 분위기가 험악해지는 상황이 종종 생깁니다. 그럴 때마다 저는 격앙된 분위기를 진정시키기 위해 잠시 경기를 중단시켜 휴식을 갖게 합니다. 휴식을 하는 동안 친구들과 대화를 하며 마음을 가라앉힐 수 있도록 유도하고, 다른 친구들과의 마찰이 줄도록 노력해 다 같이 즐겁게 축구를 즐길 수 있었습니다.

운동을 좋아하는 학생들이라면 고등학생 시절을 되돌아보았을 때 친구들과 함께 운동을 했던 경험을 빼놓을 수 없을 겁니다. 쉬는 시간이나 체육시간에 같은 반 친구끼리, 또는 서로 잘 모르는 다른 반 친구까지도 함께 운동을 했던 경험 또한 다양한 사람들을 만나 원만한 관계를 유지할 수 있다는 것을 증명할 수 있습니다.

예시 3) 2학년 때 같은 반이었던 지적 장애를 가진 친구를 통해 진심으로 남을 배려하는 마음을 배울 수 있었습니다. 같은 중학교를 나와 같은 고등학교에 진학했지만 만날 기회가 없었기에 말도 해본 적이 없었습니다. 하지만 2학년 때 우연히 같은 반에 배정이 되어 만나게 되었고, 집도 같은 방향에 있어 방과 후에 항상 집에 같이 갔습니다. 진로 수업 시간에는 조별로 하는 활동이 있었는데, 이 친구와 같이 하기 싫어하는 친구를 설득하여 함께 활동을 하기도 했습니다. 처음에 이 친구를 만났을 때는 어떻게 대해야 하는지 몰라 고민을 했고, 무조건 양보를 하면서 조심스럽게 행동을 해야 할 것 같았습니다. 하지만 무조건 도움을 주는 것보다 다른 친구들을 대하듯이 자연스럽게 행동하는 것이 그 친구를 진정으로 배려하는 방법이라는 것을 깨달았습니다. 이렇게 저의 배려하는 자세는 나중에 연구원이 되어서 다양한 사람들과 지내는 데에 도움이 될 것입니다.

예시 3)은 장애를 가진 친구를 진정으로 배려할 수 있는 방법을 깨닫고, 이로 인해 느낀 점을 자신의 장래희망과 연관시켜 설명하고 있습니다. 자기가 장래에 하고 싶은 직업이 명확하다면 그 직업이 갖는 특성을 참고해 연관시키는 것도 좋은 방법입니다.

성장과정에 담긴 나만의 이야기

예시) 아버지가 직장을 옮기시는 바람에 중학교 2학년 때 서울에서 경상도로 전학을 가게 되었습니다. 새로운 친구들을 만나게 되면서 적응하는 데 어려움이 많았지만, 친구들에게 먼저 다가가 사투리를 쓰면서 말도 걸어보고, 때로는 TV에서 본 유머를 활용해 친구들에게 웃음을 선사하기도 하면서 자연스럽게 적응할 수 있었습니다. 덕분에 예전보다 더 밝고 유쾌한 성격을 가지게 되었습니다. 또한 사실 전학 전까지는 공부가 아닌 다른 활동에 관심을 가지는 친구들을 좋지 않은 시선으로 바라보았으나, 전학을 가서 만난 기타리스트를 꿈꾸는 친구, 연기에 푹 빠져 배우를 꿈꾸는 친구, 요리사를 꿈꾸며 저만을 위한 쿠키를 만들어주는 친구 등 다양한 사람들을 만나게 되었습니다. 자신이 좋아하는 일을 찾아 꿈을 이루기 위해 누구보다 열심히 노력해나가는 그들을 보면서 그동안 '공부'만을 기준으로 사람들을 판단해온 제 자신을 반성하게 되었습니다. 그래서 지금은 어떤 사람을 만나더라도 제가 가진 기준으로만 판단하는 것이 아니라 그 사람만이 가지고 있는 가치를 기준으로 상대방을 존중하기 위해 노력하고 있습니다. 전학이라는 주변 환경의 변화는 제 성격과 가치관에 긍정적인 영향을 끼쳤고, 학생들을 가르치고 지도하는 교사가 되는 데 있어 학생들 개개인의 가치를 발견하여 키워나가도록 도와줄 수 있는 밑거름이 되어주었습니다.

앞에서도 알아보았듯이 자기소개서에는 고등학교 생활에 얼마나 충실했는지를 담아야 합니다. 하지만 예외적으로 고등학생 시절이 아닌 초등학교, 중학교 때 겪은 일이더라도 현재의 자신의 모습에 영향을 미친 경험이라면 서술을 해도 된다고 대부분의 대학교에서는 설명하고 있습니다. 따라서 예시에서 볼 수 있듯이 전학이나 이민, 경제적인 어려움, 남들에게 쉽게 이야기할 수 없는 가정사 등 고등학생 시절에 겪은 일이 아니더라도 현재의 내 모습에 긍정적인 영향을 미친 경험이라면 어떤 과정을 통해 현재의 나에게 무슨 긍정적인 영향을 가져왔는지 풀어서 설명하면 됩니다.

지원하는 전공에 대한 애정을 드러내라

예시 1) 저는 무한한 가능성을 가진 디스플레이에 관심과 흥미가 많아 이 분야에 대해 더 자세히 알아보고 나아가서는 방수가 되거나 다양한 모양을 갖는 등 기존과는 다른 디스플레이를 개발해보고 싶습니다. 따라서 대학에 입학하게 되면 고등학교에서는 자세히 배우지 못한 물리나 화학의 기초 과정 및 심화 과정을 공부한 후 신소재에 대해 공부할 것입니다. 새로운 디스플레이를 개발하기 위해서는 학사 과정에서 배우는 것만으로는 부족합니다. 따라서 대학원에 진학하여 새로운 물질로 주목받는 그래핀(graphene)이나, 많은 사람들이 관심을 두고 연구하며, 실용화 단계에 들어선 플렉서블 디스플레이(flexible display)에 대해 자세히 연구할 것입니다. 대학원을 졸업한 후에는 박사 후 과정을 통해 다른 나라의 디스플레이에 대한 연구 성과를 직접 경험하고, 세계적인 석학들과 연구를 함께하며 제 수준을 한 단계 높여, 제 꿈인 새로운 디스플레이를 개발해보고 싶습니다.

원서 접수 기간 동안 자신의 성적에 맞춰 지망 학과를 정한 것이 아니라 지원하는 학과에 대해 예전부터 미리 알아보고 관심을 가져왔다는 것을 강조하기 위해 전공과 관련해서 알아본 정보나 경험을 연관시켜 서술하면 좋습니다. 예시 1)은 재료공학부에 지원한 학생이 재료공학에서 많은 관심을 받고 있는 재료인 그래핀을 예시로 들며 자기가 생각하고 있는 미래의 진로에 대해 구체적으로 나열하고 있습니다. 이와 같이 전공 관련 정보를 포함하면서 진학 후에 자신이 이루고자 하는 목표를 달성하기 위해 나아갈 방향을 함께 제시한다면 최고의 자기소개서가 될 수 있습니다.

예시 2) 아픈 사람들을 계속 돌보고 그들을 간호해야 하는 일이 때로는 힘들고 괴롭겠지만, 특히 어린 아이들에게 희망을 잃지 않게 도움을 주고 싶은 마음에 간호사라는 꿈을 키우고 있습니다. 신문 기사나 TV 다큐멘터리를 통해 조금이라도 가슴에 와 닿고 안타까운 사연들을 접하게 되면 답답한 마음과 함께 도움을 줄 수 없는 제 모습을 보며 여지없이 눈물을 흘립니다. (중략) 저는 정말 감동을 받았고 지구상에 존재하는 모든 의미 있는 생명을 위해 간호사라는 꿈을 더욱 확고히 할 수 있었고, 마침내 간호학과에 지원하게 되었습니다. 간호학과를 졸업한 이후에는 아픈 이에게 사랑을 실천하는 간호사, 누군가에게 꿈을 줄 수 있는 간호사가 되고 싶습니다.

현대를 살아가는 우리는 신문이나 TV라는 언론 매체를 통해 주변에서 일어나는 일을 손쉽게 접할 수 있습니다. 예시 2)에서도 주변에서 흔히 볼 수 있는 안타까운 사연을 접한 경험을 통해 간호사가 되겠다는 꿈을 갖게 된 계기를 설명하고 있습니다. 이처럼 자신의 꿈, 목표를 가지게 된 계기를 제시하는 것도 좋은 방법 중 하나입니다.

예시 3) '윤리와 사상' 수업시간에 선생님께서 니체에 대해 살짝 언급하셨던 적이 있습니다. 비록 짧은 시간이었지만 저에게 신선한 충격으로 다가왔고, 니체 철학과 관련된 책들을 직접 찾아보기로 마음먹게 되었습니다. 전문 서적과 더불어 관련 홈페이지 자료를 활용하여 니체가 지녔던 사상을 니체의 삶과 연관 지어 살펴보려고 노력했습니다. 니체의 사상에서 더 나아가 니체의 예술 이론까지 관심을 확장시키면서 미학적 측면에서 니체 사상이 지니는 의의에 대해서도 생각해보게 되었습니다. 니체에 대해 스스로 탐구해본 경험을 토대로 철학과에 진학해 니체의 사상이 현대 철학사에 끼친 영향에 대해 좀 더 깊이 있는 공부를 하고 싶습니다. 더불어 다양한 관점을 지닌 학우들과의 토론을 통해 니체 철학으로부터 도출한 새로운 가치를 다른 분야에도 적용시켜보고 싶습니다.

대부분의 학생들이 자기소개서에 교과 관련 내용을 서술할 때 흔히 말하는 영어, 수학 등의 주요 과목을 언급하곤 합니다. 이에 반해 예시 3)에서는 사회탐구 과목 중 하나인 '윤리와 사상' 교과를 소재로 삼아 자신이 철학과에 지원한 동기와 스스로 관련 분야를 탐색해본 경험, 앞으로의 진로 계획 등을 명확하고도 구체적으로 제시하고 있습니다. 하나의 소재를 이용해 자기주도적인 학습 태도를 증명했고, 철학에 대해 갖고 있는 관심도 나타냈으며, 앞으로 자신이 계획하고 있는 진로에 대해서도 설명하고 있는 이 글은 고등학생이 쓸 수 있는 자기소개서 중 손에 꼽힐 정도로 잘 표현된 글이라고 하겠습니다.

객관적인 지표가 되는 교내 행사 참여하기

예시 1) 저희 학교는 교육부에서 지정한 에코스쿨(Eco-school)입니다. 이름에 걸맞게 환경 관련 활동이 많은데, 저는 이 중 애벌레 생태학교와 아리수 정수장을 둘러보는 활동에 참가했습니다. 애벌레 생태학교에는 온갖 애벌레와 나비, 장수풍뎅이 등이 있었고 이곳에서 염소 먹이 주기, 미꾸라지 잡기 체험 등을 했습니다. 징그럽게만 여겼던 애벌레를 만지며 벌레에 대한 편견을 깰 수 있었고, 한나절이 채 되지 않았지만 자연 속에 머물면서 몸과 마음이 안정되는 것을 느꼈습니다. 아리수 정수장에서는 많은 노력과 비용이 들어가는 정수 과정을 보며 물을 아껴 써야겠다는 생각을 했습니다. 환경을 무시한 채 개발에만 집중했던 과거와는 달리 현대는 '지속 가능한 개발'이라고 하여 자연과 개발의 조화를 추구하고 있습니다. 저도 과학기술의 발전만을 추구하지 않고 이러한 시대적 흐름에 맞춰 자연을 우선으로 고려하여 연구해야겠다고 다짐했습니다.

고등학교 생활에 충실했는지의 여부를 증명하는 가장 좋은 방법은 학교에서 주최한 행사에 참여했던 경험을 콘텐츠로 이용하는 것입니다. 예시 1)은 전형적인 방법으로 에코스쿨(Eco-school)이라는 학교 특성에서 착안해 환경 관련 활동에 참여했던 경험을 서술하고 있습니다. 참여 경험을 바탕으로 현대 사회에서 화두가 되고 있는 '지속 가능한 개발'이라는 개념을 가져와 자신의 진로에까지 연관 짓고 있습니다.

예시 2) 교내 발명경진대회를 준비하면서 '시작이 반이다'라는 속담처럼 어떤 일을 시작하기만 하면 앞으로 나아가야 할 방향이 명확해진다는 것을 알게 되었습니다. 저는 교내에서 대걸레와 세제를 양손에 들고 다니시는 청소 아주머니의 모습이 안타까웠습니다. 그래서 세제를 자체적으로 분출할 수 있는 대걸레를 구상했는데, 막상 생각하던 아이디어를 실제로 만들려고 하니 막막했습니다. 고민을 거듭한 끝에 발명 동아리에서 배운 3D 디자인 소프트웨어를 떠올릴 수 있었습니다. 이 소프트웨어를 이용해 도안을 만들어 재료를 자르고 형태를 만드니, 이후 단계는 척척 진행이 되었습니다. 스프링을 이용해 세제를 분출할 수 있는 동력을 만들었고, 스프링의 강도를 조절해 적절한 세제의 양을 대걸레로 분출할 수 있었습니다. 그렇게 완성된 대걸레는 청소 아주머니의 번거로움을 줄일 수 있었습니다.

교내 행사 중에는 예시 1)에서처럼 직접 경험해볼 수 있는 체험 행사가 있고, 예시 2)에서처럼 교내 대회가 있습니다. 예시 2)에서는 교내 발명경진대회를 소재로 이용해 어떤 제품을 선정하고 어떻게 기능을 개선했는지 묘사하고 있습니다.

예시 3) 2학년 때 진로의 날 행사로 다양한 직업군의 전문가들이 직접 오셔서 직업에 대해 설명을 해주신 적이 있었습니다. 전문가들의 설명을 통해 막연하게 알고 있던 직업들에 대해 더욱 폭넓고 깊게 알게 되었고, 세계화 시대에 맞춰 전 세계적인 직업적 추세 파악을 통해 제 자신의 진로를 탐색해보는 계기가 되었습니다. 더불어 저의 적성과 관심 분야, 알맞은 직업에 대해 생각해보고 전문가 분들에게 질문하며 궁금증을 해결할 수 있는 기회를 가졌습니다. 체계적이고 주도적으로 책임을 지고 실행하는 제 성격상의 특징과 직업에 대한 깊은 이해를 종합적으로 고려한 결과 전문 경영인이 알맞다는 것을 알게 되었습니다. 그래서 저는 기존에 갖고 있던 막연한 생각을 구체화시켜 경영학과 진학이라는 목표를 갖게 되었으며, 구체적인 학습 동기를 통해 원하는 학교, 학과에 진학하겠다는 실질적인 노력으로 이어지는 등 유익한 경험이었습니다.

예시 3)은 학교 행사인 '진로의 날' 행사 경험을 토대로 새롭게 알게 된 정보와 자신이 구체적인 진로를 세우게 된 계기를 설명하고 있습니다. 여러분이 쓰고 있는 자기소개서는 지망하는 학과에 입학하는 것을 목적으로 하는 글이므로 지망 학과와 학과 관련 진로와 연관시켜 작성하는 것이 바람직합니다.

우물 안 개구리, 교외 행사로 벗어나자

예시 1) 학교 수행평가로 친구들과 과제를 해결해본 적은 몇 번 있었지만, 친구들과 팀을 이루어 대회에 참가한 것은 이 창의력 경진대회가 처음이었습니다. 담당 선생님을 구하는 일과 주제를 선정하는 일부터 보고서 마무리와 제출까지 스스로 알아서 해야 했습니다. 이런 대회에 참가하는 것이 처음이라 모든 일에 서툴렀고 이로 말미암아 대회를 진행해가면서 담당 선생님을 구하는 일이나 보고서 작성, 자료 조사 등 많은 난관에 부딪혔습니다. 하지만 난관에 부딪힐 때마다 친구들과 의견을 나누고 대처 방안을 생각해내며 하나하나씩 해결해나갔습니다. 중간에 포기하지 않고 보고서를 완성하여 성취감을 만끽할 수 있었습니다. 비록 많은 노력과 시간 투자에 비해 결과가 좋지는 않았지만, 친구들과 협동을 통해 문제를 해결해나가며 협동심과 문제 해결 능력을 향상했고 새로운 눈으로 문제에 접근하는 능력이 생겼습니다.

자기소개서 콘텐츠를 알아보기 전에 살펴보았듯 교과 관련 대회가 아니면서 교장선생님의 추천을 받은 교외 행사는 자기소개서에 작성이 가능합니다. 예시 1)은 교외 대회에 참가했던 경험을 토대로 수상 실적을 내지는 못했지만 그 과정에서 스스로 성장한 부분을 강조하고 있습니다.

예시 2) 저는 평소에 누구의 도움도 받지 않고 문제를 스스로 해결하려 하는데, 이런 성격을 주체적이라고 생각하며 장점으로 여겼습니다. 하지만 이런 제 성격이 단점이 될 수도 있다는 것을 춘천 마라톤 대회에 참가하면서 깨달았습니다. 달리는 도중 어느 순간 한 걸음도 나가지 못할 만큼 숨이 가빠지는 것이 느껴졌습니다. 바로 그때 지나가던 어르신의 도움의 손길이 나타났습니다. 저는 그 어르신의 손을 잡고 다시 한 걸음씩 내디딜 수 있었고, 결국 완주할 수 있었습니다. 마라톤 완주를 통해 세상은 혼자서만 살아가는 것이 아니라는 것을 깨달았고, 그렇게 끈기와 인내심을 기르고 협력하는 법을 배울 수 있었습니다. 또한 저는 누군가와 함께 협동한다면 무슨 일이든지 반드시 해낼 수 있으리라는 강한 확신도 갖게 되었습니다.

많은 사람들이 경험해보지 않은 행사를 적는 것도 평가위원의 눈길을 사로잡을 수 있습니다. 물론 경험을 나열하는 식으로만 적는다면 무의미하고, 예시 2)에서처럼 경험을 토대로 느낀 점과 배운 점을 부각시켜서 적어야만 평가위원으로부터 좋은 평가를 받을 수 있습니다.

예시 3) 가정형편이 좋지 않다는 사실을 알고 계신 담임선생님께서 서울대 재학생들이 무료로 진행하는 '모의 UN 리더십 컨퍼런스'에 추천을 해주셨습니다. 합격을 위해서는 영어 에세이 작성과 영어 면접을 치러야 했지만, 부족한 영어 실력이 걸림돌이었습니다. 부족한 영어를 극복하기 위해 학교의 원어민 선생님을 매일 찾아뵈어 에세이 쓰는 요령을 배우고 영어 회화도 훈련했습니다. 이러한 노력은 합격이라는 성과로 이어졌고, 상황을 탓하기보다 이를 발판 삼아 노력한다면 무엇이든 해낼 수 있다는 자신감을 갖고 컨퍼런스에 참여하게 되었습니다. (중략) 가장 인상 깊었던 점은 자신의 의견을 자유롭게 말하고 다른 사람과의 소통을 중시하는 분위기였습니다. 이런 분위기로 능동적인 공부의 재미를 느꼈고 이는 컨퍼런스에 다녀온 이후의 공부법에도 영향을 끼쳤습니다. 또한 자신의 재능을 베풀어 사회적 기여를 하는 서울대생들의 모습을 보며 저도 사회적 약자에게 기회를 주는 데 일조하고 싶다는 생각을 했습니다.

예시 3)에서 다루고 있는 '모의 UN 리더십 컨퍼런스'는 영어를 사용해 진행되기 때문에 평가하는 사람에 따라서 교과 관련 교외 행사로 판단할 수는 있지만, 다른 사람들과 실력을 겨루는 대회가 아니면서 수상 실적과 무관하기 때문에 서술할 수 있습니다.

말처럼 쉽지 않은 '배려'하기

예시 1) (전략) 장애아동을 대상으로 봉사를 했던 건 처음이었고 장애를 가진 아이들은 저와 많이 다를 것이라는 선입견을 갖고 있어 겁이 났습니다. 하지만 막상 만나보니 아이들의 성격도 활발하고 겉모습도 다르지 않았습니다. 제가 갖고 있던 생각이 선입견이 되어 부끄러워지는 순간이었습니다. 이로 인해 복지 분야에 관심을 갖게 된 계기가 되었고, 말동무가 되어주는 일로 시작하여, 길잡이 역할과 식사를 도와주는 역할 등 다양한 역할을 도맡아 하게 되었습니다. 이런 제 노력을 알아주었는지 처음으로 제 이름을 불러주었을 때 가슴이 벅차도록 기뻤습니다. 봉사활동을 통해 편견을 가지고 사람을 바라보는 것은 옳지 않다는 것과 편견을 극복하는 법을 배웠고, 시각 장애를 갖고 있는 아이들에게 눈이 될 수 있다는 사실에 보람을 느꼈습니다.

전국의 거의 모든 대학이 원하는 인재상으로 남을 위해 배려하는 사람을 꼽고 있습니다. 봉사활동을 통해 타인을 배려했던 경험이나 지역사회에 긍정적인 영향을 끼친 경험을 콘텐츠로 사용한다면 풍부한 색채를 갖는 자기소개서로 만들 수 있을 것입니다. 예시 1)은 장애아동을 대상으로 한 봉사활동을 통해 느낀 감정을 표현하고 있습니다. 대부분의 학생들이 봉사활동 경험을 소재로 사용할 경우 예시 1)처럼 작성하기 때문에, 그중에서 자기의 글이 부각되도록 하기 위해서는 좀 더 자신을 잘 나타날 수 있도록 내용을 수정하거나 표현하는 방법을 다듬어야 합니다.

예시 2) 보육원에서 학습 멘토링을 진행했던 적이 있습니다. 학습 멘토링을 시작한 지 얼마 되지 않았을 때 멘티 앞에서 혼자 이야기를 하고 있음을 느꼈던 순간이 있었는데, 이때 제대로 된 소통이 이루어지지 않고 있다는 것을 깨달았습니다. 일방적인 소통을 그만두고 쌍방향 소통을 위해 멘티에게 무엇을 하고 싶은지 물었습니다. 멘티가 하고 싶어 하는 레고 놀이를 같이 하며 저희는 급속도로 친해졌고, 이후 멘티는 마음을 열고 수업에 활발하게 참여했습니다. 이 경험으로 제 주장만 무작정 밀고 나가는 것은 아무 의미가 없음을 깨달았고, 다른 사람을 이해하고 공감하며, 배려하는 소통이 중요함을 배웠습니다. 이러한 소통 능력은 요즘 들어 각광을 받고 있는 리더십의 필수 덕목으로 수평적이고 민주적인 조직을 이끄는 리더가 되는 데 도움이 될 것이라고 확신합니다.

예시 2)의 경우 예시 1)과 비슷한 경험을 소재로 이용하고 있지만 리더십과 관련지어 마무리를 하고 있습니다. 이처럼 다른 사람들과 구분될 수 있도록 다른 내용과 연관시켜서 작성한다면 더 좋은 평가를 받을 수 있습니다.

예시 3) 등하굣길에 항상 맞이하는 벽이 있는데, 그 벽에는 제가 직접 제작에 참여한 벽화가 걸려 있어 그 앞을 지나갈 때면 고개를 들어 뿌듯한 마음으로 벽을 바라보며 걸어가곤 합니다. (중략) 벽에 걸려 학교 학생들과 선생님들을 대표하고, 더불어 서양화과를 소개할 수 있는 기회라는 생각에 힘을 내어 완성을 했습니다. 결과적으로 벽화 제작 기간 중에 서양화과 선생님들의 지도를 받아 배운 색채와 표현 기법으로 부족한 부분은 채워나가고, 다른 학생들과 함께 방과 후까지 남아서 작업을 하며 협동심을 배우게 되었습니다. 또한 벽화를 남기는 것에 그치지 않고 친구들과 더욱 돈독해지는 소중한 경험을 얻게 되어 보람찬 시간이 되었습니다. 마지막으로 서양화에 대한 남다른 애정과 서양화과 진학에 대한 확고한 의지를 확인하는 계기가 되었다고 생각합니다.

대부분의 학생들이 보육원이나 양로원에서 했던 봉사활동 경험을 토대로 남을 위한 배려 경험을 표현하고 있는데 반해, 예시 3)은 지역사회를 위한 재능기부 경험을 토대로 배운 점과 전공에 대한 애정을 드러내고 있습니다. 배려라는 단어의 의미는 단순히 남을 도와주는 것만이 아니라 나와 마주칠 수 있는 모든 사람들, 심지어는 마주칠 기회가 없는 사람들을 위하는 행위도 포함할 수 있으므로, 자신이 속한 지역을 위해 했던 활동들도 배려라고 할 수 있습니다.

자기 계발을 위한 캠프는 훌륭한 밑거름이다

예시 1) 고등학교에 입학해 친구들보다는 높은 성적에 자만하고 성적이 낮은 친구들을 무시하며 학업을 소홀히 여기고 있을 무렵, 저는 포항공대에서 주최한 전국 '우수고교생 초청 이공계학과 대탐험'이라는 캠프에 참가하게 되었습니다. 막상 캠프에 가보니 저보다 우수한 친구들이 매우 많았습니다. 그 중에는 자기 성적을 자랑하고 과시하는 친구도 있었는데, 이 친구를 보며 남을 무시하던 제 자신이 부끄러웠고 전의 친구들에게 미안했습니다. 그 이후로 저는 자신을 과시하거나 남을 무시하지 않으려고 노력하고 있습니다. 그리고 제 수준보다 뛰어난 학생들이 많다는 것을 알게 되었습니다. 이를 통해 제 주변에만 국한되어 있던 시야가 서울을 넘어 전국으로, 한국을 넘어 세계로 향하게 되었고 학업에 더욱 정진할 수 있던 계기가 되었습니다. 또한, 학과 탐방을 해봄으로써 제 꿈에 대한 미래의 진로계획을 세우는 데 토대가 되었습니다.

직접 체험해보는 활동이 중요해지면서 다양한 체험 활동을 제공하는 캠프들이 많이 생겼습니다. 이러한 캠프 중에는 실속은 없으면서 비싼 참가비를 요구하는 사설 캠프도 있지만, 참가비가 없으면서도 다양한 체험과 체험의 질이 보장되어 있는 캠프들도 많습니다. 예시 1)에서 서술하고 있는 캠프는 포항공대에서 주최한 캠프로, 포항공대에 존재하는 다양한 전공들을 맛볼 수 있는 기회를 제공합니다. 이처럼 자신의 진로 설계와 관련해서 영향을 미친 캠프 활동도 자기소개서의 콘텐츠로 활용할 수 있습니다.

예시 2) 제 적성에 맞는 진로에 대해 고민을 하다가 사람의 생명을 연구하고 앞으로 다가올 바이오 혁명에서 전문가가 되기 위해 생명공학을 전공하기로 다짐했습니다. 생명공학에 대한 정보는 인터넷에 다양하게 존재하나 체계적이지 않고, 고등학생인 제가 보기엔 이해하기 어려운 내용이 많았습니다. 때마침 서울대학교 농업생명과학대학에서 진행하는 생명공학캠프를 알게 되었고, 단순히 생명공학이라는 넓은 범위의 학문에만 관심이 있었던 저에게 다양한 생명공학의 세부 분야를 소개해준 계기가 되었습니다. 또한 생명공학을 전공한 전문가로서 다른 사람들과 소통을 하며 사업을 하는 모습을 상상하며 학문만을 추구하는 연구원을 부정적으로 바라보곤 했는데, 실제로 연구원 언니 오빠들을 보며 학문을 추구하는 것이 생각보다 즐거운 일이라는 것을 깨닫게 되었고 저 또한 연구원의 꿈을 키우게 되었습니다.

예시 2)는 예시 1)과 마찬가지로 대학에서 주최한 캠프 경험을 이용했는데, 예시 1)의 경우 캠프를 통해 다양한 학과를 알게 되었다면, 예시 2)는 이미 관심을 갖고 있는 학과를 캠프를 통해 더욱 자세하게 알게 된 차이점이 있습니다. 두 예시 모두 진로와 연관시켜 서술하고 있으므로 좋은 소재라고 할 수 있습니다.

예시 3) 저는 고등학교에 와서 꿈이 생겼기 때문에 고등학교에서 가장 의미 있었던 일은 꿈을 찾기 위해 노력했던 일입니다. 2학년 여름방학 때 저희 학교에 비영리단체인 드림컨설턴트에서 찾아와 드림캠프를 했는데, 같은 조 멘티, 멘토들과 함께 이야기를 하며 제가 갖고 있는 가치관과 성격에 대해 알아보고, 다양한 전공에 대한 설명을 들을 수 있었습니다. 이런 활동을 통해 얼마나 제 자신에게 무관심했는가를 반성하고, 진지하게 저에 대해 생각해보는 시간을 가졌습니다. 그런데 운이 좋게도 제가 과학 기사를 통해 관심을 가지고 있던 식품생명공학을 전공하고 계신 멘토님이 계셔 식품생명공학에서는 구체적으로 어떤 내용을 배우는지, 차후의 진로는 어떻게 되는지 등 궁금했던 내용을 여쭤볼 수 있었습니다. 저는 식품생명공학에 대해 약간의 관심만 가지고 있다고 생각했는데, 멘토님과의 대화를 통해 가슴이 벅차오름을 느꼈고 진짜 제가 하고 싶은 일이 무엇인지 알게 되었습니다. 저는 2박 3일간의 드림캠프에서 꿈을 위한 실마리를 얻게 되었고, 이를 구체화시킬 수 있었습니다.

예시 3)은 비영리단체에서 진행한 캠프를 소재로 이용하고 있습니다. 예시 1), 예시 2)에서 소재로 이용한 캠프는 대학에서 주최한 캠프라는 차이점이 있으나, 비싼 참가비로 인해 사교육을 유발하는 사설캠프가 아니라 비영리단체에서 무료로 진행한 캠프라는 특징상 자기소개서의 소재로 사용할 수 있습니다. 더 나아가 자신의 꿈과 관련해 내용을 작성하고 있으므로 더욱 더 콘텐츠로 적합하다고 할 수 있습니다.

05

내가 풀어가는 나만의 콘텐츠를 만들어라

합격하는 자기소개서의 필수 조건은 본인의 소울(Soul)이 들어가 있어야 한다는 것입니다. 소울은 혼, 마음이라는 뜻의 단어죠. 요즘 "영혼 없는 리액션"이라는 말이 한창 많이 쓰이곤 했는데, 어떻게 하면 영혼 있는 자기소개서를 쓸 수 있을까요?

자기소개서를 쓰기 전, 대부분의 사람들이 하는 고민은 거의 비슷합니다. '내세울 것도 없고, 특별한 사람도 아닌데 무엇을 써야 하지? 너무 자랑하는 것처럼 보이면 어떻게 하지?' 하고 말입니다. 모든 사람은 각자의 환경 속에서 자신만의 삶을 살아왔고, 또 살아가고 있습니다. 무언가 특별한 점을 찾으려 하기보다는 자연스럽게 남들과 다른 점을 부각시켜 그 차이 속에서 자신만의 가치를 발견해보는 것은 어떨까요? 그 자연스러움에서 더 솔직하고 진솔한 본인만의 이야기가 탄생할 수 있습니다.

첫 번째 조언 : 정보 싸움이 중요하다. 인터넷을 똑똑하게 활용하자

우리는 정보의 바다라 불리는 인터넷 세상에 살고 있습니다. 넘쳐나는 정보들 속에서 내게 정말로 필요한 정보를 찾기란 하늘의 별따기와 같습니다. 이러한 상황에서 어떻게 하면 남들이 하는 것과 다른, 나만의 경험을 만들 수 있는지 알아봅시다.

일단 여러분이 할 수 있는 많은 활동들을 모아놓은 곳이 있다는 것을 아는 것이 중요합니다. 나에게 필요한 정보가 집중되어 있는 곳을 찾아야 훨씬 쉽게 정보를 얻을 수 있겠지요. 서울시 교육청 홈페이지에 들어가보면 홈페이지 하단 링크를 통해 서울진로진학정보센터(http://www.jinhak.or.kr/), 서울시교육청 학생봉사활동(http://bongsa.sen.go.kr/), 서울창의체험배움터(http://crezone.sen.go.kr/) 등의 홈페이지로 넘어갈 수 있습니다. 자신이 원하는 직업군에 대해 좀 더 깊이 탐색하는 활동을 할 수도 있고, 봉사활동과 관련된 여러 정보를 얻을 수도 있으며, 역사·스포츠·예술·독서 등 카테고리 별로 제공되는 여러 활동들도 찾아볼 수 있답니다. 물론 서울특별시 공공서비스 예약(http://yeyak.seoul.go.kr/)과 같은 여러분들에게 필요한 여러 정보를 모아둔 다른 홈페이지들도 많이 개설되어 있습니다.

스스로 정보를 확인하고 자신에게 필요한 것을 찾아 계획을 짜는 일 또한 주체성을 기를 수 있는 일 중 하나입니다. 수많은 활동 중에서 자신이 잘할 수 있는 활동은 무엇인지, 어떤 것을 했을 때 본인을 더 잘 드러낼 수 있는지를 생각해본 뒤 활동을 고른다면 훨씬 수월하게 나만의 경험을 만들 수 있습니다.

두 번째 조언 : 활동 동기와 활동 과정에서의 본인의 행동이 잘 조화되게 하자

활동을 고르기 전에 본인이 이 활동에 대해 왜 쓰고 싶은지를 생각해보는 것은 진실성을 강조할 수 있는 중요한 전략입니다. 활동의 동기와 활동 과정에서의 본인의 행동이 잘 조화되어야 그만큼 진실성 있는 글로 보이기 때문입니다. 본인이 이 활동을 왜 하고자 하는지를 한번 생각해봅시다. 장래희망을 미리 결정하고 있는 학생의 경우, 자신이 되고 싶은 직업을 미리 체험해볼 수 있어서일 수도 있고, 그 직업에 대해 더욱 자세히 알고 싶어서일 수도 있습니다. 아직 장래희망이 없는 학생의 경우, 자신이 하고 싶은 일을 알아보기 위해, 혹은 구체적인 직업을 선택하기 이전에 먼저 '나'라는 사람에 대해 알아보기 위해 여러 활동에 참여할 수도 있습니다. 이렇게 확실한 동기를 가지고 시작한다면 활동을 하면서 본인에게 필요한 정보들을 훨씬 잘 알아낼 수 있습니다. 그리고 얻은 정보들을 심화시켜 본인이 배우고자 했던 것과 실제로 배운 것 등을 비교하며 언급할 수도 있죠. 확실한 동기를 가지고 활동에 임하는 것은 남들과 다른 특별한 활동을 하는 것 이상으로 중요합니다. 활동을 통해 얻은 것이 자신이 처음 생각했던 목표를 달성하는

데 도움이 되었는지, 더 깊이 알고 싶어지게끔 지적인 자극을 주었는지, 혹은 의도했던 것과 달라 본인의 생각이 바뀌게 되었는지 등을 서술한다면 훨씬 깊이 있게 배운 점과 느낀 점을 서술할 수 있습니다.

세 번째 조언 : 남들이 한 것 말고, 스스로 나만의 활동을 만들자

경험할 수 있는 것들이 거기서 거기라면 스스로 활동을 만들어보는 것은 어떨까요? 평소에 궁금하던 주제가 있거나, 연구해보고 싶은 분야가 있지는 않았나요? 스스로를 대학생이라고 생각해보는 것도 소재를 찾는 좋은 방법입니다. 수동적인 자세가 아니라 적극적인 자세로, '받는' 정보에만 익숙해져 있지 않고 '찾는' 정보에 익숙해지는 것이죠. 입시라는 한 항목만 고려하는 것이 아니라 진정으로 본인의 스펙을 쌓을 수 있는 활동들을 찾는다고 생각하면 좀 더 열정적으로 임할 수 있을 것입니다. 예를 들어 본인이 하고 싶은 일이 언론과 관련이 있어, 학내 언론 동아리를 만든다고 가정해봅시다. 첫째로 할 일은 동아리의 성격을 결정하고 동아리 내에서 할 활동들에 대한 계획을 세우는 것입니다. 월 단위로는 학생 신문을 발행하고, 주 단위로는 지정된 토픽을 가지고 회의를 하고, 학기가 끝날 때에는 매주 했던 회의 내용을 바탕으로 현장 실습을 나간다는 식이 될 수 있겠죠. 물론 반드시 현장 실습의 형태가 아니어도 됩니다. 같은 학교 학생들을 대상으로 궁금했던 주제에 대해 리서치를 하고, 조사 보고서를 작성할 수도 있습니다. 이렇듯 본인이 진정으로 하고 싶은 일에 대해 직접 계획을 세우다 보면 당연히 다른 누구와도 다른 자신만의 경험을 만들 수 있게 됩니다. 만약 본인이 책임져야 할 것에 대해 부담감이 생긴다면, 혹은 이미 원하는 활동을 할 수 있는 동아리가 있다면 단순한 동아리 구성원이 아님을 부각할 수 있는 소재들을 찾아 그 동아리 내에서 본인의 차별성을 획득할 수도 있습니다. 동아리 내에서도 어떠한 생각을 가지고 활동했는지를 드러내거나, 그 생각을 가지고 일한 결과는 어땠는지, 혹은 이미 가지고 있는 모토 외에 동아리에 새로운 방향성을 제시하지는 않았는지, 기존과 다른 프로그램을 제안했다면 어떤 프로그램을 어떤 취지에서 제안했는지 등 본인의 생각을 드러낼 수 있는 기회는 많습니다. 이렇듯 어느 위치에 있어도 스스로의 주체적인 행동력을 보여줄 수만 있다면, 무슨 내용을 쓸지 고민하지 않아도 자신 있게 본인의 모습을 드러낼 수 있는 소재들이 많이 생길 것입니다. 단순히 '하는' 것만이 아니라 스스로 '만들어' 내는 것에 집중해봅시다.

06

나쁜 자기소개서는 있어도 나쁜 소재는 없다

나쁜 자기소개서는 있어도 나쁜 소재는 없습니다. 모든 소재는 이용하기 나름입니다. 아무리 흔한 경험이라도 남들과 다르게 그 경험만의 차별성을 부각시킨다면 훌륭한 자기소개서를 완성할 수 있습니다. 자기소개서의 각 문항에서 중요한 것은 '소재'와 '서술'입니다. 물론 두 가지 항목 모두에서 남들과 다른 본인만의 차별적 가치를 드러낼 수 있다면 정말 좋겠지만 독창적인 소재가 없다고 해서 자기소개서를 쓰지 못하는 것은 아닙니다. 평범한 활동 안에서도 본인만의 어투로 쓰인, 오랜 고민의 흔적이 보이는 훌륭한 자기소개서를 쓸 수 있습니다. 그런 노력과 고민의 흔적을 글 속에 녹여봅시다. "저는 남들과 다른 이러한 면을 가지고 있어요"라고 직접적으로 주장하는 것보다는 경험을 하면서 들었던 본인의 생각과 고민들, 그리고 그로 인해 나타났던 본인의 노력과 행동을 자연스럽게 드러내는 것이 훨씬 큰 효과를 줄 수 있습니다.

효과적인 방법으로 자신만의 차별성 있는 자기소개서를 완성해봅시다.

첫 번째 코칭 : 경험만 잔뜩 쓰고 끝에 가서 뿌듯했다고 끝내는 자기소개서는 NO!

앞에서도 언급했듯 대부분의 학생들이 가장 애용하는 자기소개서 서술방식이 바로 경험만을 쭉 나열하는 것입니다. 본인이 어떤 활동을 했는지를 하나도 빠짐없이 드러내고 싶은데 글자 수에는 제한이 있으니 경험만 실컷 적다가 끝내버리고 맙니다. 이렇게 경험만을 쓰다 보면 정작 마지막 두 줄에는 '뿌듯하고 재미있었다'라는 단순한 감상평만을 남긴 채 글을 마무리하게 되기 일쑤입니다. 분명 제시문에는 배운 점과 느낀 점을 중심으로 서술하라고 되어 있는데 말이죠.

여기서 배운 점과 느낀 점을 서술하라는 것은 진짜 기쁘고 뿌듯했던 '느낌'을 쓰라는 것이 아니라 본인이 이 경험을 통해 무엇을 배웠는지 그 '생각'을 드러내라는 것입니다. 가령 경영캠프를 갔다 왔던 경험을 서술한다면 그곳에서 했던 활동을 돌이켜보면서 본인의 가치관이나 목표에 변화는 없었는지, 경영자를 꿈꾸는 학생으로서 어떤 생각을 갖게 되었는지, 경영이라는 폭넓은 카테고리 안에서도 어떤 분야에 더 관심을 두게 되었는지를 서술할 수 있습니다. 종이와 연필을 꺼내놓고 본인이 쓰고 싶은 경험과 그 경험에서 한 주요 활동들, 본인이 얻은 것, 활동을 하면서 더 배우고 싶어진 것 등을 쭉 써내려갑니다. 어떤 경험을 쓸 것인지, 그리고 그 경험 속에서 빛나고 있는 자신의 모습을 어떻게 잘 드러낼 것인지를 간단하게 정리한 후에 글을 쓴다면, 경험만을 나열하다 마지막에 '뿌듯한 경험이었다'로 끝내는 식의 자기소개서를 피할 수 있습니다. '자기 자신'을 소개하고, 나아가 자신의 매력을 어필해야 하는 글이므로 본인만의 차별성을 드러낼 수 있는 참신한 소재와 생각을 녹여 글을 쓰도록 합시다.

두 번째 코칭 : '나 자신'의 가치관을 대입했을 때 어떤 평가를 내릴 수 있는가

다른 사람들과 구별되는 자신만의 색깔을 드러내야 하는 글인 만큼, 다른 사람이 아닌 '본인'만이 할 수 있는 생각을 드러내는 것이 중요합니다. 같은 활동을 하더라도 '나 자신의 가치관'을 대입했을 때 어떤 평가를 내릴 수 있는가를 드러낸다면 훨씬 차별성 있는 자기소개서를 쓸 수 있습니다.

예를 들어 스포츠 교육에 관심 있는 한 학생이 스포츠 체험활동을 갔다 왔다고 가정해봅시다. 스포츠를 통해 단순히 재미를 느낀 것에서 그치는 것이 아니라 이를 통해 스포츠 교육 쪽으로 진로를 정하고 싶은 본인은 어떤 생각을 했는지까지 드러난다면 더욱 좋겠지요. 어떻게 하면 사람들이 더 쉽게 배울 수 있는지, 교육에서 중요한 방법론적인 면들을 어떻게 하면 더 간편하게 전달할 수 있는지, 강사진은 어떤 가치관을 가진 사람으로 구성해야 하는지, 시설적인 측면에 보완은 필요하지 않은지 등을 자신의 가치관과 연결시켜 생각해본다면 훨씬 진실성 있는 본인만의 생각을 드러낼 수 있습니다.

많은 학생들이 "나는 의사가 될 거야, 경찰이 될 거야" 하고 자기가 희망하는 진로를 말하곤 하지요. 남들과 다르려면 자기는 어떤 가치관을 지니고 있는 사람인지 생각해볼 필요가 있습니다. 그냥 의사나 경찰이 아니라 '봉사정신이 투철한' 의사, '가족을 사랑하는' 경찰과 같이 말이죠. 그리고 자신의 장래희망을 위해 노력하면서, 스스로가 추구하는 가치관 역시 함께 가져갈 수 있도록 노력한 것들을 서술한다면 다른 사람들과 다른 자기소개서를 완성할 수 있습니다. 살면서 겪었던 여러 상황들을 돌아봤을 때 자기는 어떤 가치관을 중요시했는지, 이제껏 걸어오면서 마주친 수많은 갈림길에서 어떤 선택을 해왔는지를 생각하면서 자신의 가치관을 확립해봅시다.

세 번째 코칭 : 자신이 살아온 경험을 바탕으로 어떻게 받아들였는지를 쓰자

활동에서 얻은 것이 많지 않다면 자기가 살아오면서 겪었던 다른 경험과 연관 지어 써볼 수도 있습니다. 예를 들어 양로원에서 봉사활동을 했다면 본인이 평소 할머니 댁을 방문했을 때의 경험과 연관 지어 서술할 수도 있고, 과학 관련 체험활동을 했다면 어렸을 적 궁금하게 여겼던 자연현상 등과 연관 지어 본인의 생각을 서술할 수도 있겠죠. 할머니 댁을 방문했을 때 느꼈던 점이나 어렸을 적 궁금하게 여겼던 기억들은 다른 누구도 겪을 수 없는 본인만의 경험입니다. 양로원으로 봉사활동을 하러 간 것이나 과학 관련 체험활동 등은 다소 평범할 수 있지만, 이렇듯 본인만의 경험을 추가하여 평범하지 않은 자기소개서를 만들 수 있습니다. 물론 여기서도 경험의 나열만으로 끝낼 것이 아니라 그에 따라 추가로 어떤 생각을 하게 되었는지, 궁금증을 해결하면서 얻은 것들이 무엇인지, 그로 인한 본인의 포부는 무엇이며 혹 후회되는 것들이 있다면 어떻게 개선해나가고 싶은지를 언급한다면 더욱 완벽한 글이 될 것입니다.

네 번째 코칭 : 경험을 비판적이고 객관적으로 바라보자

눈에 띌 만한 독창적인 경험을 하지 못했다고 해서 차별성 있는 자기소개서를 쓸 수 없을까요? 예상했겠지만 물론 대답은 '절대 아니다'입니다. 같은 소재라도 어떻게 서술하느냐에 따라 전혀 다른 자기소개서가 될 수 있기 때문입니다. 본인이 한 활동이 단순하고 흔하다고 해도 그 활동을 객관적이고 비판적으로 바라볼 수만 있다면 차별성 있는 자기소개서를 작성할 수 있습니다. 예를 들어 어떤 일을 경험하고 난 뒤, 스스로를 컨설턴트라고 생각하면서 미래의 자신에게 진지한 조언을 한다고 생각해봅시다. 여기서 미래의 자신은 본인이 하고 싶었던 분야에서 활동하고 있는 모습일 것입니다. 교내 체육대회나 교외 스포츠 활동 프로그램을 경영학도의 눈으로 바라본다면 어떨까요? 어떻게 하면 더 효율적이고 생산적으로 진행할 수 있을지, 또는 어떤 자원을 어떻게 활용할지에 대해 거시적으로 바라볼 수 있겠죠. 교내 리서치나 교외 연구활동을 미학도의 눈으로 바라본다면 또 어떨까요. 어떻게 해야 더 효과적인 방법으로 리서치의 결과물을 전달할 수 있을지, 어떻게 하면 더 기억에 잘 남는 시각적 포맷을 만들 수 있을지에 대해 생각할 수 있겠지요. 교내 합창대회나 교외 예술행사 경험을 기획자의 눈으로 바라볼 수도 있습니다. 기획자가 되고 싶은 학생으로서 행사의 현재 모습뿐 아니라 앞으로의 발전 방향을 모색해보고, 실제 활동 안에서도 본인의 의견을 열심히 피력해봅시다. 단순히 이렇게 본인이 되고 싶은 미래 모습과 연관만 지어도 경험을 보다 주체적인 자세로 이끌어나갈 수 있습니다. 물론 이를 통해 훨씬 다양하고 훌륭한 자신만의 글을 쓸 수 있겠죠. 또한 많은 대학에서 요구하는 통섭(統攝), 즉 학문의 경계를 넘는 범학문적인 시야를 가진 인재임을 어필할 수도 있습니다. 이렇듯 모두가 하는 평범한 활동 속에서도 자신만의 차별성을 드러낼 수 있는 방법을 찾는다면, 더욱 훌륭한 자기소개서를 완성할 수 있습니다.

희망학과와 자기소개서의 연결고리
: 대외 활동 경험

　　자기소개서에 적을 수 있는 활동은 기본적으로 교내 활동만을 원칙으로 하고 있지만 교장선생님의 승인이나 교육부, 혹은 시도 교육청에서 허가받은 프로그램은 언급할 수 있습니다. 각 시도 교육청 홈페이지에 연결되어 있는 홈페이지들을 통해 다양한 활동들을 알아보면 어떨까요? 또한 단순한 교외 프로그램이 아니라 교내 진로 관련 동아리를 통해 여러 교외 활동에 참여해보는 것은 어떨까요? 다음은 여러분이 가고 싶은 단과대학과 관련이 있는 활동들이랍니다. 자신에게 맞는 활동을 찾아 경험해보고 자신만의 자기소개서를 작성해봅시다.

〈다음의 설명과 사진은 공식 홈페이지를 참고하였습니다.〉

__ 인문대

- 교내 독서토론 _ 비슷한 또래의 학생들과 모여 자유롭게 독서토론을 함으로써 본인의 생각과 다른 생각들을 경험하고, 다른 사람과의 의견 조율 방법을 배울 수 있습니다.

- 역사 캠프 _ 원하는 지역이나 시대와 관련된 역사 캠프를 통해 평소 궁금하던 것을 배우고 우리 역사에 대해 다시 한 번 생각해보는 시간을 가질 수 있습니다.

- 백일장 _ 제시되는 주제에 대해 깊이 생각해보고 관련된 글을 씀으로써 자신의 생각과 논리를 질서정연하게 정리할 수 있습니다.

__ 사회대

- 교내 언론 관련 동아리 _ 교내 동아리 활동을 통해 자발적으로 정한 다양한 주제들을 연구할 수 있습니다.

- 모의 국회, 모의 UN _ 모의 국회나 모의 UN을 체험하면서 국내 및 국제사회기구를 이해할 수 있습니다. 청소년 모의 국회는 국회를 모방하여 만들어진 회의로 청소년들이 국회 입법과정 등을 모의로 경험함으로써 국정에 대한 이해도를 높이고, 입법과정 중 하나인 토론과 토의 과정을 통해 자신의 의견을 보다 효율적으로 전달할 수 있는 방법에 대해 배우게 됩니다.

*모의 UN 설명 추가 (http://www.gleadma.or.kr/) (www.kicmun.org)

● 나라사랑 체험 _ 판문점, 제3 땅굴, 현충원 참배, 봉사활동, 간첩 침투경로 탐방 등 체험 교육을 통하여 분단의 상황을 직시하고 대한민국을 지키기 위하여 순국한 호국영령에 대한 감사를 배울 수 있습니다. 또한 미래의 건강한 대한민국 인재로 양성하기 위하여 학교 및 학생, 청소년 단체를 위한 체험 교육 프로그램입니다. (http://www.111call.org/)

__ 경영대

● 지역 5일장 _ 지역 5일장 축제 기간을 통해 지역시장에 대해 알아보고, 변화하는 사회에서 재래시장이 어떤 요소들을 가미시켰고, 어떻게 살아남았는지 등을 연구할 수 있습니다.

● 전통시장 UCC 및 체험수기 공모전 _ 전통시장에 대한 체험수기를 쓰거나 UCC를 만들면서 마케팅에서 중요시하는 요소에 대해 배우고, 전통시장 홍보 방안 등을 마련하면서 기획적인 측면으로 전통시장을 바라볼 수 있습니다. (http://www.sijangucc.co.kr)

● 인천항 갑문홍보관 견학 _ 수도권 중심의 무역항으로서 인천항의 현 모습과 기능을 알 수 있고, 갑문을 통해 인천항을 이용하는 선박들의 종류를 구분할 수 있습니다. 또한 서해의 지리적 특성

인 조수간만의 차를 극복한 갑문의 역할과 중요성을 이해하고, 선박의 갑문 통항 절차를 설명할 수 있으며 인천항에 종사하는 다양한 직업을 알아보고 향후 진로탐색에 도움을 얻을 수 있습니다. (http://www.icpa.or.kr)

__ 예체능

- 사생대회 _ 다양한 주제로 그림을 그리면서 본인에 대해 다시 한 번 돌아보고 다른 사람들의 작품을 보며 함께 성장할 수 있습니다.

- 강원 국제 민속 예술 축전 _ 강원도와 관련된 여러 작품들과 공연물들을 통해 세계로 나아가는 강원도에 대해 생각해볼 수 있는 행사입니다. (www.gifaf.org/)

- 국립현대미술관 학교연계 작품 감상 프로그램 _ 국립현대미술관 덕수궁관에서는 공교육과 미술관 교육의 연계성을 강화하기 위하여, 학교연계 교육 프로그램을 운영하고 있습니다. 〈학교연계 감상교육 프로그램〉은 초·중·고등학교 단체 학생들을 대상으로 전시 연계 감상교육 및 대상별 관련 활동을 통해 청소년들의 미술관 관람 분위기 조성 및 미술문화의 이해를 돕는 프로그램입니다. (http://www.mmca.go.kr/ 〉 교육/행사 〉 학교 연계)

- 월드컵 공원 파크골프 체험 _ 직접 골프를 배우면서 스포츠맨십과 운동능력을 함양할 수 있습니다.

__ 자연대

- 한강 생태체험 프로그램 _ 한강 생태계를 체험하면서 우리나라의 가장 대표적인 강인 한강을 돌아보고, 자연환경에 대해 생각해 볼 수 있습니다.
- 서울대공원 자연학습 프로그램 _ 서울대공원에 살고 있는 동식물 들을 관찰하면서 공원 생태계를 연구할 수 있습니다.

__ 공대

- 서울에너지드림센터 환경·에너지 체험교육프로그램 _ 환경 에너지 에 대해 연구하면서 에너지가 어떻게 만들어지고 사용되는지에 대한 원리를 배울 수 있습니다. (http://www.seouledc.or.kr)

- 서울특별시 과학전시관 발명교실 _ 기초과정, 심화과정, 발명 캠 프, 발명 특허반 등의 교육을 통해 학생들의 창의력, 탐구능력 및 사고력 신장을 도모하고, 발명 분야에 흥미와 창의적 잠재력 을 갖춘 발명 꿈나무를 조기 발굴하는 프로그램입니다.

__ 의대

● 충북대학교 반려동물 한마당 _ 어린이, 청소년들에게 반려동물과 함께하는 문화체험을 통해 꿈과 희망을 심어주고 생명존중사상을 함양할 수 있는 자리를 마련하는 프로그램입니다.

(www.cbuanimal.co.kr)

● 보건복지부 주최 '나눔 대축제' _ 축제를 통하여 나눔을 체험하고 실천을 독려하여 우리사회 나눔 문화 확산 및 행복한 나눔의 가치를 공감할 수 있는 기회를 마련하는 프로그램입니다.

(http://www.sharingkorea.net)

Part 3

문항 분석이
합격과
불합격을
결정한다

1장

입학사정관을 만족시키는
자기소개서

지피지기면 백전백승, 자기소개서에서도 통한다

앞에서 자기소개서가 무엇인지, 또 어떤 소재를 활용해서 써야 할지 파악했으니 이제 본격적으로 남들과는 차별화되는 자신만의 자기소개서를 쓸 차례입니다. 수많은 자기소개서들과의 전쟁에서 살아남으려면 전달하는 바가 분명한, 눈에 띄고 기억에 남는 자기소개서를 써야 합니다. 문항 하나하나를 분석하기에 앞서 '스스로를 효과적으로 표현하는 글'을 어떻게 쓸 수 있을지 알아보겠습니다.

도화지에 그림을 그린다고 생각해봅시다. 정교한 그림을 그리려면 가장 먼저 해야 하는 일은 전체적인 구도를 잡고 서로 어울리는지 확인하는 것입니다. 글을 쓸 때도 비슷한 기능을 하는 도구가 있습니다. 그것이 바로 개요입니다. 개요는 자기가 하고 싶은 말의 축약판이라고 할 수 있으며, 자신이 하고자 하는 이야기가 무엇인지 스스로 다시 한 번 파악하기에도 좋습니다.

그런데 많은 학생들이 개요를 작성하지 않고 글을 시작합니다. 보통 어렵거나 귀찮다고 느끼기 때문입니다. 하지만 개요는 글을 더 탄탄하고 내실 있게 쓰는 데 도움을 주는 도구입니다. 개요가 구체적으로 작성되어 있다면 글을 쓸 때 덜 고민하고 수월하게 풀어나갈 수 있습니다.

만약 개요를 정리하지 않고 글을 쓰면 어떻게 될까요? 많은 학생들이 한 번쯤은 경험해봤으리라고 생각합니다. 그저 손 가는대로, 느낌대로 쓰다 보면 불필요한 말을 하거나 이미 앞에서 한 말을 또다시 반복하게 됩니다. 의식의 흐름에 따라 써서 샛길로 빠지기도 하고요. 결국 본인도 무슨 이야기를 하고 있는지 모르는 심각한 상황도 올 수 있습니다. 따라서 글 자체가 길든 짧든 먼저 개요를 짜야 합니다. 예를 들어, '서론－본론－결론', '기－승－전－결' 같은 글의 구조를 먼저 생각해보자는 것이지요.

개요를 잘 짜는 방법은 사람마다 다를 수 있습니다. 크게 두 가지 예를 들어보겠습니다. 첫 번째는 키워드를 먼저 뽑아내어 정리하는 것입니다. 반드시 글에 포함되어야 하는 키워드를 모아놓고 나뭇가지를 그리듯 마인드맵을 그려봅니다. 이때, 키워드 간의 구별되는 속성을 미리 생각하는 것이 좋습니다. 서로 어떻게 비교되는지, 더 강조해야 할 것은 무엇인지 적어놓는 것이지요. 두 번째 방법은 주제를 정한 뒤에 어떻게 풀어나갈지 스토리를 먼저 짜는 것입니다. 어떤 사항을 넣을지 결정하고 나면 논리적인 배치를 해봅니다. 또 글을 쓰다 보면 생각지 못했던 부분이 추가될 수도 있으니 전체적인 개요를 해치지 않는 선에서 그때그때 보완하면 좋습니다.

이해하기 쉬우면서도 나를 잘 표현한 개요를 완성했는지 확인하는 방법이 있습니다. 개요를 보면서 주변 사람들에게 본인에 대해 설명하는 것입니다. 그렇게 설명한 자기소개를 듣고 바로 이해가 되는지 물어봅니다. 들어서 전체적인 흐름이 쉽게 파악된다면 글로 읽었을 때는 훨씬 이해하기 쉬울 것입니다. '도대체 무슨 말이야?'라든가 '그래서 네가 하고 싶은 말이 뭔데?'라는 말이 나오면 안 되겠지요.

__ **개요 짜기 예시 1**

__ **개요 짜기 예시 2**

- 갈등관리 사례 _ 합창대회
- 가장 컸던 문제 _ 선곡 / 연습과정 / 곡 해석 차이(선택할 것)
- 문제 원인 _ 친구들의 소극적인 태도 / 연습시간 부족 / 원하는 스타일의 차이
- 해결방안 모색 _ 조별 편성 / 친목 도모 및 희생 / 원활한 토론
- 가장 핵심적으로 배운 것 _ 배려와 조화의 중요성, 유연한 사고, 문제해결능력

한 문단에는 하나의 분명한 메시지를 담아라

여러분에게 퀴즈를 내보겠습니다. 아래 예시에서 전체적인 맥락과 관계 없는 문장을 골라보세요.

봉사에 관심이 있어 고1 때부터 '아모레시오'라는 봉사 동아리에 가입하여 봉사 활동을 했습니다. ① 지적장애인 봉사활동을 나갔을 때는 지적장애인을 처음 만나서 약간의 선입견을 가지고 활동을 했습니다. ② 그러나 봉사를 하러 갈 때마다 반겨주시는 모습에 제 생각이 잘못되었다는 것을 깨달았습니다. ③ 나중에는 함께 명소에 가거나 저희가 미리 준비해온 프로그램 봉사를 하면서 많이 친해졌습니다. ④ 독거노인 봉사활동을 할 때에는 돌아가신 저의 할아버지가 생각나 더 적극적으로 활동했습니다. ⑤ 몇 년 전 몸이 갑자기 안 좋아지셔서 병원으로 가셨는데 정정하시던 할아버지가 밥도 잘 못 드시게 되어 몰래 울었던 기억이 납니다. ⑥ 자주 못 찾아뵈어 죄송한 마음이 있었기 때문에 독거노인들의 집안일도 도와드리고 폐지도 모아서 가져갔습니다. ⑦ 애교도 조금씩 부리면서 할머니와 많은 추억을 만들었습니다. ⑧ 주위를 둘러보며 주위에 관심을 가지고 생활한 결과 나눔에 대한 좋은 의미를 깨달았습니다.

전체적으로는 봉사활동을 했던 경험을 작성한 자기소개서입니다. 한 동아리 내에서 두 가지 활동을 했던 경험을 썼네요. 얼핏 보면 물 흐르듯 자연스럽지만 사실 ⑤번 문장이 좀 어색합니다. 이 문단의 주장과 전혀 관련이 없는 이야기이기 때문이죠. ⑧번 문장 역시 전체적인 글의 내용을 통과하는 느낀 점이라기엔 부족한 부분이 많습니다.

　이렇게 다른 사람이 쓴 글을 보면 맥락에서 이탈한 문장을 찾기 쉬운데 막상 본인의 글을 쓸 때는 잘 인식하지 못하는 경우가 많습니다. 맥락에 맞는지 틀린지 파악하기 위한 도움말을 하나 드리자면 본인이 쓴 글에서 각각의 문장을 문단 전체의 주제 혹은 중심 문장과 비교해 보며 꼭 필요한 말인지 확인하는 것입니다. 결국 모든 문장은 주제를 향해야 합니다. 특히 주제에 맞지 않는 부적절한 인용을 자제하세요. 많은 학생들이 저지르는 실수입니다.

　하나의 이야기 소재는 완결성이 있어야 합니다. 한 문단의 중심 내용을 두 개로 잡지 마세요. 자기소개서의 평가자도 사람이며, 간결하고 이해가 잘 되어야 계속해서 읽고 싶어집니다. '나는 이 글에 다 써놓았으니 어디 한번 꼼꼼히 읽고 찾아보세요' 식의 태도가 아니라 평가자가 읽고 싶은 명료한 글을 써야 합니다.

　하나의 문단 속에 하나의 메시지를 담아냈다면 그 문단들을 유기적으로 연결해야 합니다. 뒤에서 꼼꼼히 살펴보겠지만, 어떤 문항이든 본론 부분에서 여러 사례를 나열하며 설명해야 할 때가 있습니다. 이 사례들을 유기적으로 묶는 방법들을 소개합니다.

　먼저 본인에게 중요한 의미를 지니는 경험 순서대로 나열하고, 그것들이 왜 중요한지를 밝히는 것입니다. 인과관계가 있다면 그것을 이야기하며 자연스럽게 연결시킬 수 있겠죠. 또는 경험들 간의 공통점과 차이점을 생각하여 묶거나 나눌 수도 있습니다. 본인이 자기소개서를 통해서 어필하고 싶은 측면과 관련된 경험을 우선적으로 배열하는 것도 하나의 방법입니다.

〈예시 1〉 진로 설정과 관련된 경험

- 첫 번째 경험 : 진로를 결정하게 된 계기
- 두 번째 경험 : 그 덕분에 고등학교 시절 동안 가장 열정을 쏟은 경험

〈예시 2〉 성격 및 태도 형성과 관련된 경험

- 첫 번째 경험 : 내가 가장 중요하게 생각하는 가치관으로 '책임 감'을 꼽게 된 경험
- 두 번째 경험 : 나의 '적극성'을 가장 잘 보여주는 경험
- 세 번째 경험 : 나의 '창의성'을 가장 잘 보여주는 경험

02
군더더기 없는 자기소개서로 매력지수 상승시키기

'패션의 완성은 결국 몸매'라는 유행어가 널리 사용되기는 하지만, 좋은 몸매를 잘 살리지 못한 안타까운 사례들도 종종 본 적이 있을 것입니다. 조화가 잘 이루어지지 않은 패션이나, 참신하다 못해 너무 앞서가는 패션 감각은 보는 사람도 난감하게 만듭니다. 옷이나 액세서리의 색깔이나 크기, 모양들이 아쉬운 경우도 있지요.

자기소개서도 마찬가지입니다. 물론 자기소개서는 '누가 과연 글을 매끄럽게 잘 쓰냐'를 평가하는 글짓기 시험이 아닙니다. 하지만 군더더기 없는 문장들로 구성된 자기소개서가 훨씬 매력적으로 보이는 것은 사실입니다. 같은 말을 하더라도 더 호소력 있고, 전달력 있게 표현하는 게 중요하다는 것이죠.

첫 번째 군더더기는 과장과 거짓말입니다. 모든 글은 진실해야 한다는 것을 잊지 마세요. 글이 좀 심심하다고 생각했는지, 약간은 과장

된 표현을 한 친구의 자기소개서를 읽었더니 앞뒤가 맞지 않았습니다. 게다가 자기소개서는 면접을 볼 때 질문의 소재가 되기 쉬운데, 거짓말 혹은 과장이라는 것이 드러나면 면접관들은 그 학생에 대한 신뢰를 잃게 됩니다.

두 번째 군더더기는 화려한 수식어입니다. 간결한 글이 높은 점수를 받는다는 사실을 꼭 기억하세요. 전문 입학사정관들과 교수 등 평가자들은 수많은 자기소개서를 읽어야 합니다. 그러므로 그들을 단시간에 설득하는 것이 중요하지요. 간결한 문장은 핵심을 효과적으로 전달할 수 있고 설득력이 있습니다. 화려한 수식어는 빼고 같은 단어나 반복되는 표현도 최대한 자제해야 합니다. 한 문장의 길이에 대한 규정은 없지만, 기왕이면 100자를 넘기는 문장은 거의 쓰지 않는다고 생각하는 것이 좋습니다. 문장의 길이가 길어지면 주어와 서술어의 호응이 맞지 않을 가능성이 높아지기 때문입니다.

세 번째 군더더기는 추상적인 표현입니다. 좋은 문장은 뜻을 명확하게 알아볼 수 있는 문장입니다. 표현이 추상적이면 글 쓴 사람의 의도를 정확히 전달하기 어렵고, 단어를 잘못 사용하는 경우는 더더욱 그렇겠지요. 따라서 애매한 단어나 추상어를 사용하지 않도록 유의하고, 문장이 여러 가지 의미로 해석되지 않도록 수식하는 관계를 잘 살펴야 합니다. 주어를 과하게 생략하지 않는 것도 명확한 문장을 쓰는 방법이라고 할 수 있습니다.

자기소개서와 일기장의 차이점

나는 내신이나 모의고사 준비 외에도, 자기계발을 위한 공부거리를 찾았습니다. 역사에 관심이 많아 한국사검정능력시험을 공부하였고, 이를 통해 우리나라 역사와 문화에 대해 더 큰 관심이 생겼습니다. 친구들도 역사에 관련해 모르는 것이 있으면 저에게 물어보러 오는데, 참 뿌듯합니다. 이후 놀랍게도 제 별명은 역사박사가 되었습니다. 또 향후 진로를 노무사로 정한 뒤에는, 고등학교 공부와 병행할 수 있는 방법을 탐색했습니다. 그리고 아침마다 신문을 읽고, 내용을 요약하고, 또 저의 생각을 정리하는 NIE학습을 한 것 역시 제 학습에 도움이 많이 된 것 같습니다. 시간을 내는 것은 쉽지 않았고 처음에는 내용도 어려웠다. 그래도 교과서를 넘어선 지식을 얻었기에 의미 있었습니다. 제가 이 방법을 쓰는 것을 보고 친구들도 저를 따라하고 있습니다.

억지로 쓰는 글에는 단순히 사실을 나열하거나, 기분 변화만을 잔뜩 표현하거나, 글자 수를 늘리기 위해 했던 말을 반복하는 경우가 허다합니다. 개요 없이 의식의 흐름에 따라 글을 쓰는 경우가 많죠.

혼자 쓰고 혼자 읽는 글은 추상적이어도 됩니다. 구구절절 설명이 필요 없을 수도 있습니다. 몇 가지 키워드만을 가지고도 특정 경험을 생생하게 기억해낼 수 있으니까요. 하지만 자기소개서는 읽는 이가 뚜렷하게 정해진 글입니다. 이 자기소개서를 읽는 사람은 여러분을 모르고, 이 경험도 처음 접하는 것이라고 생각해야 합니다. 하고 싶은 이야기가 있다면 그에 맞는 적절한 설명이 필요하다는 뜻이죠. 문항에서 원하는 대로 깨달은 바, 삶의 태도, 삶의 경험이 골고루 녹아 있지 않으면 마치 3년의 일과를 나열한 일기장 같은 인상만 줄 뿐입니다.

날씨만큼 자주 바뀌는 것이 기분 아니던가요? '놀라웠다', '진정한 감동을 느꼈다'는 식으로 단순히 기분만을 표현하는 글은 사실 무의미합니다. 한순간의 기분이 여러분의 정체성을 설명할 만큼 확실한 것도 아니죠. 자기소개서는 자신의 정체성을 표현하고 타인이 선택하도록 설득하는 글이라는 사실을 한 순간도 잊어서는 안 됩니다.

마지막으로 점검할 것은 일관성입니다. 일관성은 글의 얼굴이라고 할 수 있겠습니다. 내용상의 일관성뿐만 아니라 형식적인 일관성도 무척이나 중요합니다. 따라서 시점이나 어조, 문체 등을 꼼꼼히 통일해야 합니다. 위의 예시글에서처럼 '저'와 '나'등의 호칭을 섞어 쓰거나 '입니다'와 '이다' 등의 종결어미를 섞어 쓰면 매우 급하게 작성해서 제출한 것처럼 보입니다. 이런 경우 당연히 꼼꼼함이나 성실함을 어필하기는 어려우며, 좋은 인상을 주기도 쉽지 않을 것입니다.

2장

1번에서 4번까지
문항별 작성법

1번 문항 : **고교 재학 기간 중 학업에 기울인 노력과 학습 경험**

1번 문항은 특별한 학습 경험 또는 자신의 공부 방법을 기술하고 그것에 대해 배우고 느낀 점을 적어야 하는 문항입니다. 그런데 여기서 말하는 공부 방법이란 독특한 방법으로 단어를 외우고, 특이한 문제집을 골라서 푸는 식의 유명한 공부법들을 말하는 것이 아닙니다. 학업에 기울인 노력이란 말 그대로 자신이 공부를 어떻게 했는지를 적으면 되는 것입니다.

우선 이 공부법을 왜 시작하게 되었는지, 그 계기와 접근 방식부터 출발합니다. 어떤 과목의 성적을 올리거나 등수를 올리기 위한 이유를 적으라는 것이 아니라, 자신이 공부하면서 어떤 과목의 어떤 특정한 부분에 집중을 했는지 등을 언급해야 합니다. 첫째로, 자신의 과목 성적을 분석한 후 부족한 부분이 기본 개념과 응용 심화 중 어떤 부분인지 알아봅니다. 그 이후 과목의 목차 중에서는 어떤 부분이었는지 파악합니다. 수학의 어떤 내용, 문학에서는 어떤 장르, 영어의 어떤 파트인지 등을 알아보고 자신이 그러한 '약점'을 보완하기 위해 노력한 바를 기술해야 합니다. 왜 단어를 열심히 외워야 하는지에 대한 이유도 없이 "자투리 시간을 활용해 단어장을 만들어 단어를 외웠다"라는 식으로 공부한 내용만 기술하면 내용이 어색할 수 있습니다. 또한 이렇게 구체적으로 작성하면 1번 문항의 내용을 조금 더 믿을 만한 내용으로 만들어줍니다. 구체적으로 자신이 어떤 부분이 부족했고, 그 이후 어떻게 노력했는지를 기술하면 그 글은 조금 더 신뢰감을 주고 매력적인 글이 될 것입니다.

두 번째로 이러한 접근 방식을 토대로 자신만의 공부 방법을 어떻게 적용시켰는가를 고민해야 합니다. 여기서부터는 인터넷에서 찾았거나, 학교 또는 학원 선생님이 추천했거나, 많은 학생들이 하는 특별한 '공부법'이라는 것을 말해도 됩니다. 하지만 중요한 것은 앞에서 언급했듯이 자신이 그 공부법을 적용할 때 어떻게 시작하게 되었는지를 연결시켜야 합니다. 예를 들어 수학을 공부하면서 전체적인 기본 개념이 부족하다면 어떤 순간에 기본 개념이 부족하다고 생각하게 되었고, 그 기본 개념을 어떤 방식으로(예를 들어, 개념서를 필사하거나 또는 개념서를 3회 이상 반복하여 읽으며) 공부했는지를 인과관계에 맞게 기술해야 합니다. 내가 자기소개서에 적은 공부법이 인터넷에 있는 유명한 공부법이라고 해서 그것이 나만의 공부법이 될 수 없는 것은 아닙니다. 그러나 여기서 중요한 것은 그 공부법에 접근하게 된 나만의 접근 방식과 계기가 그 공부법과 매끄럽게 이어져야 한다는 것입니다. 그래야 더욱 완성도 있는 1번 문항의 대답이 될 것입니다.

배우고 느낀 점?

배우고 느낀 점 중 가장 많이 나오는 표현이 "열심히 해야겠다고 생각했다", "뿌듯했다"와 같이 단순한 생각이나 기분을 서술하는 것입니다. 하지만 자기소개서를 심사하는 입학사정관이 원하는 배우고 느낀 점은 단순한 기분이 아닙니다. 1번 문항에서 가장 중요한 것은 자신이 실행한 학업에 대한 노력을 통해 느낀 점은 무엇이고 그 깨달음이 자신의 꿈과 진로 결정에 어떻게 영향을 주었는지를 적는 것입니다.

첫 번째로, 자신이 공부한 방법을 통해 노력한 것이 자신의 공부 습관, 공부에 대한 태도, 진로에 대한 태도 등 자신과 관련된 상황을 어떻게 변화시켰는가를 기술해야 합니다. 예를 들면, 수학의 확률 단원이 약했던 학생이 확률 부분을 공부하기 위해 매일 자투리 시간을 이용해서 시간의 낭비가 없도록 공부했던 경험이 있다고 합시다. 그 학생은 "이러한 노력을 통해 꾸준히 노력하고 세세한 것을 놓치지 않게 공부하는 방법이 결국 효과가 있다는 것을 알게 되었다"라고 느낀 점을 먼저 기술합니다. 따라서 "그 이후 공부를 할 때에도 꾸준한 노력을 통해 ○○과목을 더 열심히 공부하게 되었고, 앞으로 내가 꿈꾸고 있는 연구 분야에서도 꾸준한 노력에 대한 믿음을 가지고 연구를 수행하는 연구원이 될 것이다"와 같은 내용으로 자신의 꿈에 영향을 준 '느낀 점'을 기술하면 됩니다. 이렇게 되면 단순히 "꾸준히 공부하는 것의 위력을 알게 되었다", "앞으로도 꾸준하게 노력하는 사람이 되어야겠다"라는 것보다는 더욱 구체적이며, 그 학생의 경험과 발전에 대해 이해하기 쉬운 글이 됩니다. 결론적으로, 공부법으로 이룬 결과에 대한 기분이나 꿈·진로와 관련이 없는 느낀 점을 적는다면 입학사정관에게 충분한 열정을 보여주지 못합니다.

두 번째로, 학업에 기울인 노력과 다양한 학습 경험이 내면의 생활 습관이나 인간적으로 성숙해지는 계기가 된 경우는 없는지 고민해봐야 합니다. 학습 방법은 기본적으로 그 학습을 하는 사람의 '노력'이라는 가치를 내포하고 있습니다. 꾸준함에 관한 '노력', 자신과의 약속을 지키려는 '노력' 등 많은 공부법에는 지원자의 노력에 관련된 공부법이 많습니다. 아무리 참신한 공부법이라고 하더라도 그것을 공부하는 사람의 노력이 뒤따르지 않으면 절대 성공할 수 없습니다. 따라서 이러한 학업에 기울인 '노력'을 토대로 자기 인생의 가치관은 어떻게 변화하였는지도 기술하는 것이 좋습니다. 예를 들면, 꾸준히 수학 공부를 하여 성적을 올린 경험을 통해 자신의 생활 습관이 어떻게 변화되었는지를 적으면 자신이 꾸준히 노력하는 인재라는 것을 어필할 수 있습니다. 또한 매일 아침 30분간 영어 듣기를 공부한 경험을 통해 자신의 아침 시간이 어떻게 변화되었는지를 기술한다면 시간을 소중히 사용하는 사람이라는 인상을 줄 수 있을 것입니다.

마지막으로, 학습 경험을 통해 자신의 잠재력을 드러낼 수 있어야 합니다. 단순히 공부 방법을 적용해서 공부를 하여 성적을 올린 것으로 끝이 아니라 그러한 자신의 경험, 성취를 통해 얻은 자신감, 노력의 가치를 토대로 자신이 꿈꾸는 모습을 성취할 수 있다는 포부를 보여줄 수 있어야 합니다. 예를 들어 끊임없이 탐구하는 자세로 학과에 입학하여 자신이 연구하고자 하는 분야에서 업적을 이루겠다거나, 한 분야를 연구하여 사람들의 삶을 윤택하게 변화시키겠다는 목표를 언급하여 이제 대학교에 입학하는 학생으로서의 포부를 보여주는 것이 좋습니다.

과목을 적는 것보다는 얼마나 심도 있게 자신의 노력을 투입했느냐가 중요하다

많은 사람들이 1번 항목을 적을 때 공부한 과목으로 자신의 지원 학과와 조금이라도 관련이 있는 과목을 적는 것이 낫지 않을까 생각합니다. 하지만 1번 항목에서 요구하는 것은 학생이 학업에 기울인 노력과 그것으로부터 배우고 느낀 점입니다. 입학사정관은 학생이 입학하고자 하는 학교, 학과의 인재상이 자기소개서에 잘 드러나 있는지만 심사합니다. 단지 수학 공부를 1번 문항의 소재로 하였다고 해서 과학을 소재로 한 학생보다 더 점수를 주는 것은 절대 없습니다. 물론 지원하는 학과가 수학과라면 수학을 공부한 것을 소재로 쓰는 것이 조금 더 매력적인 자기소개서가 될 수 있습니다. 하지만 이것은 '수학'이라서가 아니라 학생이 수학에 대한 관심, 연구하고자 하는 분야에 대한 열정을 수학이라는 과목을 통해 더 잘 보여줄 수 있기 때문입니다. 따라서 중요한 것은 어떤 과목을 공부했느냐가 아닌 학업에 기울인 노력, 방법 그리고 그로 인한 느낀 점입니다. 그것이 학교, 학과의 인재상과 일치하고 자신의 꿈, 진로에 영향을 준 노력이라면 1번 문항에 얼마든지 기술해도 됩니다. 바꿔 말하면 구체적인 한 과목을 혼자서 공부한 것이 아니라도 괜찮습니다. 교내 동아리 내에서 활동을 통해 어떠한 과목이나 주제에 대해 공부했던 경험 등도 그것이 자신의 꿈, 진로에 영향을 준 방법이라면 충분히 매력적인 소재가 될 수 있습니다.

2번 문항 : 고교 재학 기간 중 의미를 두고 노력한 교내 활동 3가지

2번 문항에 세 개 이내의 교내 활동을 쓰라고 되어 있는데, 결론적으로 1,500자의 분량 내에 세 가지를 꼭 채울 필요는 없습니다. 자기소개서에서 입학사정관이 집중하는 것은 학생의 경험 그 자체도 중요하지만, 그 경험을 통해 학생이 배우고 느낀 점입니다. 1번 문항이 자신이 어떻게 공부를 열심히 했고, 그 공부를 통해 배우고 느낀 것은 무엇인지를 적는 문항이라면 2번 문항은 지원하고자 하는 학교, 학과에서 요구하는 인재상을 보여줄 수 있는 문항입니다. 2번 문항에 꼭 세 개를 쓰고 싶다면, 자신의 다양한 모습을 보여줄 수 있고 배우고 느낀 점이 다른 경험들을 쓰는 것이 중요합니다. 따라서 2번 문항에 쓸 활동을 정하기 전에 반드시 살펴봐야 할 것이 "그 활동을 통해 배우고 느낀 점이 학교, 학과의 인재상 중 어떤 것과 연결되는가" 하는 것입니다. 2번 문항이 아니라면 언급할 수 없는 학교의 인재상이 반드시 있습니다. 그런 인재상을 찾아서 2번 문항에 적을 수 있어야 합니다.

생활기록부에 기록되어 있는 활동이지만 생활기록부에 서는 찾을 수 없는 경험을 적어야 한다

생활기록부에 기록된 교내 활동은 보통 "~ 동아리에 들어가 1년 간 ~한 활동을 하였다" "~ 활동을 하였다"는 식으로 해당 사실만 기록되어 있을 뿐 실제로 그 안에서 어떤 자세한 활동이 있었고, 상황이 있었는지는 기술되어 있지 않습니다. 2번 문항에서 교내 활동을 물어보는 이유는 이러한 활동을 하면서 그 도중에 어떠한 구체적인 활동이 있었으며, 그 과정에서 학생이 느낀 점은 무엇인지 입학사정관이 알고 싶어 하기 때문입니다. 예를 들면, "수학 동아리를 했기 때문에 수학에 대한 관심이 많아졌다"라는 식의 단순한 인과관계의 이야기는 관심을 끌기 어렵습니다. 수학 동아리를 한 사실은 이미 생활기록부에 "위 학생은 고2 1년간 수학 동아리 ○○에서 활동하면서 수학에 대한 관심을 키움"이라고 기술되어 있습니다. 그러므로 이 수학 동아리에서 했던 어떤 경험이 수학에 관심을 가지게 만들었는지, 그래서 자신은 그러한 관심을 가지고 어떠한 사람이 되고 싶은지를 드러내야 합니다. 또한 2번 문항에서는 구체적으로 어떤 것을 배웠는지를 기술하는 것이 좋습니다. 예를 들면, "역사 캠프에 참여해서 어떤 시대의 새로운 사실을 알게 되었고, 그 결과 그 분야에 관심을 가지게 되었다"라는 내용은 해당 학과에 대한 관심을 드러낼 수 있습니다. 또한, "교내 방송반 활동 중 제작 활동을 통해 사람들에게 매력적인 콘텐츠를 전달할 수 있도록 고민하는 사람이 되고 싶다고 느꼈다"라고 한다면 자신의 진로에 대한 생각을 드러낼 수 있습니다. 이렇게 교내 활동에서 한 구체적인 경험과 그로 인해 자신이 깨달은 점이 필요합니다. 2번 문항에서 단순히 어떤 동아리에 들었다, 어떤 캠프에 참가했다는 경험만을 기술하는 것은 절대로 매력적인 자기소개서가 될 수 없습니다.

경험의 특별함에 너무 집착하지 말 것

방금까지만 해도 자신만의 구체적인 경험을 적으라고 하더니, 이제는 특별한 것에 신경 쓰지 말라고 하니 앞뒤가 맞지 않는 것처럼 생각될 수도 있습니다. 하지만 말 그대로 너무 특별한 경험을 적으려고 노력하지 않아도 됩니다. 예를 들면, 학교에서 영어 동아리 활동을 하며 매일 원어민 선생님과 대화했던 기회가 남들이 경험하지 않은 특별한 경험이라고 생각해서 무조건 2번 문항에 적을 필요는 없습니다. 중요한 것은 그 경험을 통해 배우고 느낀 점이기 때문입니다. 물론, 매일 원어민 선생님과 대화할 기회가 있었다는 것은 다른 학교에서는 쉽게 할 수 없는 경험이 분명합니다. 하지만, 이 경험으로부터 배우고 느낀 점이 다른 사람이 영어 공부를 열심히 한 경험으로부터 배우고 느낀 점과 동일하다면 전혀 특별한 경험이 되지 않습니다. 따라서 경험 그 자체의 특별함이 아니라 경험으로부터 얻은 배우고 느낀 점의 특별함을 고민해야 합니다. 먼저, 자신이 했던 경험에서 배우고 느낀 점을 정리한 뒤 그것을 학교의 인재상과 연결할 수 없는지 고민해봐야 합니다. 원어민 선생님과 매일 유창하게 대화하는 경험을 했다고 합시다. '열정적이고 노력하는 인재'라는 인재상과 연결하기 위해 그 경험에 쏟은 자신의 노력과 느낀 점을 적을 수도 있고, '글로벌 리더십'이라는 인재상과 연결하기 위해 유창한 영어 실력의 필요성과 연결하는 방식으로 내용을 구성할 수도 있습니다.

경험만 나열하는 것은 절대 금지

2번 문항에서는 앞에서 강조했듯이 2번 이외의 문항에서 언급할 수 없는 학교, 학과의 인재상을 언급해야 합니다. 이때 경험만 나열하는 것은 절대 피해야 합니다. 다시 한 번 말하지만 '배우고 느낀 점'에 집중해야 합니다. 경험을 나열하는 대신 그 경험으로부터 생각한 지원자의 꿈, 진로에 대해 말하는 것이 좋습니다. 또한 경험과 느낀 점을 분리하는 것이 아니라 경험 중간에 느낀 점이 들어가는 것도 좋습니다. 예를 들면, 학교에서 '교내 불편 개선'을 주제로 공모전을 했다고 할 때 그 과정에서 불편함을 개선하기 위해 의견과 자료를 작성하면서 어떤 점을 배웠는지, 어떤 것을 깨달았는지를 경험과 함께 나열해야 합니다. 이때 전체적으로 경험을 최대 40%, 배우고 느낀 점을 적어도 60%로 구성하는 것이 좋습니다.

자신이 중요하다고 생각하는 순서대로 기술하자

중요하다고 생각하는 경험을 제일 앞에 적어야 합니다. 이때 주의할 것은, 중요하다고 생각하는 것의 기준이 자신이 지원하고자 하는 학교, 학과의 인재상과 잘 맞는 것이 1순위가 되어야 한다는 점입니다. 따라서 2번 문항에 담을 수 있는 가장 좋은 경험은 학교에서 원하는 인재상과 학과에 대한 자신의 지원 동기 또는 포부가 함께 어우러질 수 있는 경험입니다. 꼭 전공과 관련 있는 활동이 아니어도 충분히 학교의 인재상과 학과의 지원 동기를 드러낼 수 있습니다. 예를 들면, "자율학습 동아리에서 조별 피어 튜터링 방식으로 공부한 것"을 소재로 내용을 전개할 때, "저는 서로 설명해주는 수업 방식으로 친구들에게 친절하게 설명할 수 있도록 노력했습니다. 그 결과 내가 아는 것이 아닌 남을 중심으로 생각하는 것이 중요하다고 생각했고, 남을 가르치면서 나 자신도 성장하는 것의 즐거움을 알 수 있었습니다. 따라서 사회교육과에 진학하여 누군가를 가르치는 사람이 되고 싶고, 학생의 입장에서 생각하는 선생님이 되려고 노력할 것입니다"라는 내용을 2번 문항의 활동과 느낀 점으로 적을 수 있습니다. 따라서 자율학습 동아리 활동을 통해 사회교육과에 진학하고자 하는 자신의 동기와 학교에서 바라는 "남을 배려하는 사람"이라는 인재상을 한꺼번에 드러낼 수 있습니다.

눈에 보이는 성과물이 있는 경험일수록 좋다

자기소개서에 어떤 것을 배움으로써 알게 된 느낀 점을 적는 것도 좋지만 되도록이면 자신이 직접 어떤 것을 실행하여 성취하거나 만들어낸 활동이 있다면 더욱 좋습니다. 성취라고 해서 꼭 상을 받는 등 가시적인 성과를 올리거나 보상을 받은 경험이어야 할 필요는 없습니다. 상을 받거나 성적을 올리지 못했더라도 어떤 결과물 자체를 만들어냈다면 모두 가능합니다. 입학사정관은 학생이 전교에서 몇 등을 했고, 교내 경시대회에서 무슨 상을 받았는지는 중요하게 생각하지 않습니다. 그 활동의 과정에서 학생이 어떤 노력을 했고, 무엇을 배우고 깨달았는지를 중요하게 생각합니다. 따라서 어떤 것을 배우거나 단순히 보게 된 것만으로도 소재가 될 수 있습니다. 그런데 우리는 이미 1번 문항에서 어떤 과목을 열심히 공부하고 배웠던 경험에 대해 서술했습니다. 그러므로 2번 문항은 그 결과가 조금 좋지 않았다 하더라도 최대한 어떤 작품, 자료 등을 만들어내는 데 성공하여 그것을 통해 배운 것이 있는 활동을 적는 것이 좋습니다. 위의 '교내 불편 개선' 공모전의 예에서 그 과정에서 자신이 어떠한 것에 집중했고, 그 결과 어떤 생각을 통해 작품을 내게 되었는지, 수상을 했든 하지 못했든 그 경험이 자신에게 준 교훈은 무엇인지, 그 교훈을 통해 자신의 꿈과 진로가 어떻게 영향을 받았는지를 기술해야 합니다. 대상 수상, 성적 향상 등 보상이 아닌 자신이 만들어낸 무언가가 있는 활동일수록 좋습니다.

2번 문항의 경험 선정 Tip

학생이 지원하고자 하는 학과가 특정 과목을 이름으로 하는 학과(수학과, 영문학과)가 아닐 경우 2번 문항에서는 학과에 대한 지원 동기를 최대한 드러내는 것이 가장 좋습니다. 방송반 활동을 통해 방송과 언론에 관심을 가지게 되었다거나, 과학창의력 캠프나 과학 독서반 활동을 통해 특정 분야에 관심을 가지게 된 계기 등 2번 문항은 자신이 지원하고자 하는 학과에 대한 관심을 표출하고자 하는 데 굉장히 유리합니다. 1번 문항의 경우는 학업에 대한 노력이므로 학과에 대한 지원 동기보다는 대학 진학 후의 공부나 학과에 대한 열정을 드러내기 좋고, 3번 문항의 경우는 리더십을 드러내기 좋은 문항이기 때문에 2번 문항에서는 최대한 학과의 지원 동기를 드러내는 것을 추천합니다.

또한, 경험을 만들어나가는 과정을 언급한 경우 그것을 시작한 동기를 말해주어야 합니다. 예를 들면, 교내 수학 동아리를 만들었다면 수학 동아리를 만들어서 어떻게 운영했고, 어떻게 공부했는지도 중요하지만 그 수학 동아리를 만들게 된 계기도 언급하는 것이 좋습니다. 자신이 수학 공부에 어려움을 겪어 열심히 공부하겠다는 취지로 만든 것인지, 어려워하는 친구를 도와주기 위해서 수학을 잘하는 친구에게 도움을 요청해 만든 것인지 등, 자신이 경험을 하게 된 계기까지 함께 서술하는 것이 학생이 가지고 있는 인재상을 평가하는 데 중요하게 작용할 수 있습니다.

3번 문항 : **학교생활 중 배려, 나눔, 협력, 갈등 관리 등을 실천한 사례와 느낀 점**

거의 모든 대학교에서 공통적으로 요구하고 있는 인재상인 '리더십'과 '인성'을 평가하기 위한 문항입니다. 따라서 이 문항에서 자신의 리더십과 학교에서 제시하는 인간상을 표현할 수 있는 경험과 배우고 느낀 점을 기술해야 합니다.

봉사활동 경험 無, 반장·부반장 경험 無라도 걱정할 필요 없다

3번 문항에서 많은 학생들이 "나는 반장, 부반장을 해본 경험도 없고, 봉사활동도 교내 청소 정도이고 교외 봉사활동도 야외에서 쓰레기 줍기 정도밖에 없는데 어떤 활동을 적어야 하지?" 하고 고민합니다. 봉사활동이나 리더가 된 경험이 있다면 도움이 될 수 있지만 없다 해도 크게 걱정할 필요는 없습니다. 평범한 학생이라도 하나의 조직에 속해서 무언가 활동을 한 경험은 있습니다. 하나의 조직에는 다른 역할을 하는 구성원들이 존재합니다. 예를 들어 조직이 3학년 3반 학생들의 조직이라면 그 교실의 임원이 아닌 일반 구성원으로 역할을 하는 학생, 반장인 학생 등이 있을 수 있으며 조직이 3학년 학생 전체라면 전교생을 이끄는 학생회장, 학생회장이 업무 수행을 할 수 있도록 도와주는 학생회 학생 등으로 나눌 수 있습니다. 따라서 3번 문항의 소재 선정은 자신이 속해 있는 조직에서 다른 구성원을 위해 자신이 한 일을 생각하는 것으로부터 시작하면 됩니다. 예를 들면, 반 친구 두 명이 서로의 과격한 행동 때문에 다툼이 일어났는데 자신이 중재하여 그 오해를 풀어준 적이 있다면 그 경험도 3번 문항의 소재가 될 수 있습니다. 그 친구가 오해를 풀어가는 과정에서 자신이 한 명을 설득한 방법을 내용에 포함시킵니다. 또한, 한쪽의 주장이 다른 쪽에 잘못 전달된 것을 자신이 어떻게 풀어주었는지를 기술할 수 있습니다. 따라서 이 경험으로부터 앞으로 이러한 상황이 발생한다거나 하나의 조직 내에서 다툼이 있을 때 어떻게 대처해야겠다고 생각했는지 등을 적을 수 있습니다. 결론적으로 3번 문항의 소재를 생각할 때에는 자신이 조금이라도 남을 위해 자신의 것을 포기하거나 양보하거나 또는 그러기 위해 노력한 경험을 먼저 떠올리기 바랍니다. 이 경우는 두 친구의 화해를 위해 싸움의 당사자가 아닌 내가 노력한 것에 해당할 수 있습니다.

가장 강력한 방법 : '리더십'과 '인성'을 자신만의 가치를 기반으로 한 개념어로 정의하라

이 경험을 떠올렸다면 다음으로는 그 경험이 나에게 주었던 가치를 찾습니다. 그 행동이 배려, 나눔, 협력, 갈등 관리 중에 무엇인지 정하고 그 행동이 내가 어떠한 가치를 느끼게 했는지 생각해야 합니다. 그리고 이 가치를 바탕으로 '리더십'과 '인성'을 솔직하게 자신만의 문장으로 나타냅니다. 예를 들면, "제가 생각하는 리더십이란, 한 조직에서 구성원 모두가 자신만의 의견을 주장하는 것이 아니라 서로의 의견을 받아들일 수 있게 만드는 것입니다"라는 내용을 통해 존중이라는 가치를 바탕으로 리더십을 정의할 수 있습니다. 다른 예로 자신이 체육부장으로서 체육대회에 단합을 이끌어낸 경험으로부터 그 과정에서 어떤 어려움이 있었는지, 또는 자신이 노력했지만 부족했던 점이 무엇인지를 고민하는 경우가 있다고 합시다. 이때, "내가 생각하는 협력이란 자신의 것을 조금 양보하여 나 이외의 사람의 편의를 봐주는 것이다"라는 내용으로 타인 존중, 자기의 것을 양보한다는 가치를 바탕으로 인성을 정의할 수 있습니다. 그리고 이러한 작성 전략은 자신이 체육부장, 반장 등 리더의 역할을 맡지 못했던 경우라 하더라도 적용할 수 있습니다. 앞에서처럼 두 친구 사이에 다툼이 있었던 경우나 한 집단이 두 개의 세력으로 갈라져 대립이 있었던 경우에 중재하는 역할을 맡았던 경험만으로도 충분히 자신의 리더십과 인성을 드러낼 수 있습니다.

가치관이란 어떤 것에 대해 가지는 근본적 관점을 뜻합니다. 따라서 배려, 나눔, 협력 등을 이야기하고 그에 대한 느낀 점을 말하는 3번 문항에서는 자신이 다른 사람과 더불어 살아가면서 중요하다고 생각하는 가치관을 꼭 언급해야 합니다. 입학사정관은 여러분이 가지고 있는 가치관을 중심으로 여러분의 '리더십'과 '인성'을 평가합니다. 따라서 3번 문항에서 활용할 소재를 선정한 뒤에는 그 상황에 적용할 수 있는 자신만의 가치관을 꼭 자기소개서에 담기 바랍니다. 예를 들면, 두 명의 친구가 다투는 상황일 때 한 친구가 상처를 받더라도 사실 관계를 올바르게 하는 데 힘썼을 때에는 '신념을 지킨다'는 가치관이 들어 있을 수 있습니다. 또는 두 친구의 우정이 먼저라고 생각해서 두 친구가 서로 잘못한 점은 있었지만 서로의 잘못을 덮고 해결할 수 있도록 도왔을 때는 '우정이 중요하다'라는 가치관이 해당될 수 있습니다. 이렇게 배려, 나눔, 협력, 갈등 관리를 한 사례를 들고 그것에 대한 자신의 가치관이 담겨 있어야 합니다.

경험을 통해 느낀 점, 다음은 나의 미래

자기소개서에서 중요한 것은 대학을 졸업한 자신의 미래 모습이 꼭 들어가야 한다는 것입니다. 자신의 당찬 포부는 많이 드러내면 드러낼수록 유리합니다. 따라서 3번 문항에서 자신의 가치관을 언급하고 이 가치관을 가지고 살아가는 나의 미래 모습을 기술합니다. 내가 가지고 있는 가치관은 이런 것이며, 이 가치관을 가지고 어떻게 살아갈 것인가를 적어야 합니다. 똑같이 전기공학을 전공하는 사람이라 해도 가지고 있는 가치관에 따라 최종적인 꿈이 달라질 수 있습니다. 나라에 기여하길 바라는 '애국'이라는 가치관을 가지고 있는 사람의 경우 전공을 활용해 나라에서 관리하는 시스템이나 연구를 중심으로 해당 분야의 연구를 발전시킬 계획을 기술할 것이고, '희생'이라는 가치관을 중요시하는 사람은 자신의 연구 업적뿐 아니라 다른 사람을 위한 기술을 개발하는 것에 전공을 활용할 것이라고 작성할 수 있겠지요. 앞에서 1번, 2번을 통해 자신이 바라는 직업 모습을 어필했다면 3번에서는 자신이 소중하게 생각하는 가치관을 더한 꿈을 언급하는 것으로 자기소개서를 더욱 매력적으로 만들 수 있습니다.

주의사항 : 자기 자랑만 늘어놓는 것도 문제지만 너무 안 하는 것도 문제다!

많은 학생들이 자기소개의 3번 문항을 쓸 때 자신의 장점을 직접적으로 언급하는 것이 부끄럽다고 생각하여 언급하기를 꺼리거나 자신이 실행하지 못했던 '착한 행동'에 대한 아쉬움을 적곤 합니다. 하지만 자기소개서에는 입학사정관에게 어필할 수 있는 장점이 있어야 하며, 단점을 언급하더라도 장점으로 승화시킬 수 있다는 가능성을 표현해야 합니다. 특히 자신에 대한 어필이 "나는 착한 사람입니다"라는 단순한 표현으로만 끝나면 절대 안 됩니다. 남을 위해 했던 자신의 행동을 상세하게 적고 자신이 가지고 있는 가치관에 관한 생각들을 가감 없이 솔직하게 표현하며, 한 사회에 속한 구성원으로서 공동체 의식을 어떻게 생각하고 있는지를 드러내야 합니다.

4번 문항 :

대학별 자율 문항(가정 환경, 학업 계획, 학과 지원 동기, 독서 경험 등)

공통 문항 이외에 4번 문항을 요구하는 학교가 있습니다. 이 4번 문항은

- 자신에게 큰 영향을 준 책과 그 이유
- 환경적 특성(가정, 학교, 지역, 국가 등)이 삶에 미친 영향
- 3년간 개인적 관심 또는 역량 개발의 경험적 사례
- 학과 지원 동기 및 입학 후 학업(진로) 계획

등 다양한 문항으로 구성되어 있습니다. 하지만 가장 명심해야 할 것은 어떠한 주제로 4번 문항이 주어져도 단순한 경험 나열이 아닌 자신의 변화 과정을 드러내야 한다는 것입니다. 지원자에게 주어진 환경이 남들과 다르다면 그 환경의 특별한 점이 아니라 그 환경으로부터 배우고

느낀 점을 기술해야 하고, 자신이 읽은 책으로 무조건 남들은 잘 읽지 않는 책을 적는 것이 아니라, 그 책에서 알게 된 점이 자신을 어떻게 변화시켰는지 등의 구체적인 내용을 기술해야 합니다. 그러므로 4번 문항도 마찬가지로 자신이 가지고 있는 경험에 집중하지 말고 그 경험을 토대로 어떻게 변화하였는지를 중심으로 써나가는 것이 중요합니다.

학과에 대한 자신의 열정을 표현할 수 있는 마지막 기회

4번 문항에서 요구하는 독서, 역량 개발, 경험적 사례 등은 학과에 대한 열정을 표현하기에 굉장히 좋은 주제입니다. 2번 문항에서 학과에 대한 열정을 표현하는 것이 다소 부족했다고 생각한다면 4번에서 이야기할 주제는 바로 학과에 대한 열정입니다. 그런데 학과와 연관 지어 문항을 작성하기 전에 반드시 수행되어야 할 작업이 지원하고자 하는 학교와 학과만의 가치관과 특성을 알아보는 것입니다. 학교가 받아들이고자 하는 학생의 인재상부터 학과에서 어떤 것을 배우는지, 그리고 해당 학교의 학과에는 어떠한 연구를 하는 교수님들이 있는지까지, 각학교와 학과의 가치관, 그리고 학과의 성격을 파악한 뒤 기술해야 합니다. 예를 들어 자신의 꿈이 신재생에너지를 개발하는 사람이 되는 것이라고 기술했는데 이 학교에는 전통적인 에너지 원료인 석탄과 석유를 연구하는 연구실과 교수님밖에 없다면, 지원하는 학교와 학과에 대한 조사가 충분히 이뤄지지 않은 것입니다.

또한 학과의 가치관을 본인의 가치관과 연결시키는 것이 중요합니다. 경제학부를 지원하고자 하는 학생의 목표가 앞으로 경제개발 정책을 만드는 사람이 되는 것이라면 입학사정관은 그 학생이 모든 사람이 자신이 한 만큼의 보상을 받아야 한다는 '형평성'을 가치관으로 가지고 있을 것을 기대할 것입니다. 이렇듯 단순히 경제학부가 우리나라의 경제를 책임지는 학과이고, 국가의 많은 역할을 할 수 있는 과라고 예찬만 하는 것이 아니라, 본인의 가치관과 어느 부분에서 맞는지 감안하여 서술하는 것이 중요합니다.

질문별 자기소개서 작성 Tip

1) 학과에 대한 지원 동기 및 진로 계획

학생이 가지고 있는 학과에 대한 열정을 직설적으로 물어보는 항목이므로 지원하고자 하는 학교의 학과에 대한 정보와 학과가 담고 있는 가치관을 충분하게 조사한 뒤 자신이 그 학과에 가지고 있는 열정을 드러내야 합니다. 또한 이 부분은 그 학교와 학과에 입학해야 한다는 자신의 의지를 다른 문항보다 더 적극적으로 드러낼 수 있는 항목입니다. 따라서 '매력적으로' 작용할 수 있는 해당 학과만의 특이한 점, 고등학생 수준에서 쉽게 알 수 없는 것들이지만 자신이 조사하여 알게 된 점(졸업 후 진로, 해당 학과에서 구체적으로 무엇을 배우고 그것의 핵심은 무엇인지) 등을 적으면 더욱 알맞은 대답이 될 것입니다. 그리고 진로 계획 부분에서는 자신의 당찬 포부를 드러낼 수 있어야 합니다. 자신이 이루고자 하는 꿈에서 해당 학과를 졸업하면 어떻게 그 꿈을 이뤄갈 수 있는지, 해당 학과에서 어떤 능력을 키워 그 꿈에 도달할 수 있는지 등을 구체적으로 작성해야 합니다. 자신의 꿈이 반드시 해당 학과의 대표적인 졸업 후 진로가 아니더라도 괜찮습니다. 자신의 꿈과 그 학과가 어떻게 연관되어 있는지를 중심으로 기술하면 됩니다. 실제로 대학을 졸업한 후 그 전공을 살려서 직업을 가지는 사람도 많지만 간혹 전공과는 전혀 관련이 없어 보이는 직종을 가지게 되는 사람도 있습니다. 예를 들어 자신이 배운 학문에서 일어나는 기술 분쟁에 관심이 있어, 공대를 나온 뒤에 해당 학문과 관련된 특허 분쟁의 변호를 맡는 변리사가 되기도 하고, 인문학을 전공하는 사람들도 인문학을 배우면서 자신이 배운 인문학을 남에게 가르치고 싶어 자신의 전공과 함께 교직과목을 이수하여 선생님이 될 수 있는 과목을 수강하기도 합니다. 이렇게 자신의 최종적인 꿈이 지원하고자 하는 학과와 직접적으로 연관이 없어 보일지라도 어떤 식으로든 연결시켜 적을 수 있다면 입학사정관이 충분히 매력적으로 느낄 만한 진로 계획이 될 수 있습니다.

2) 지원자의 환경이 삶에 미친 영향

많은 학생들이 이러한 문항이 나오면 부모님께 혼난 이야기, 자신의 생활 형편 등을 글의 소재로 선택합니다. 그런데 어떤 소재를 선택하더라도 입학사정관이 원하는 방향으로 서술하지 못하는 경우가 많습니다. 이 문항에서 중요한 것은 '자신의 주변 환경'이 자신의 삶을 살아가는 데 영향을 준 것을 가치관 중심으로 나열하는 것입니다. 또는 환경에서 깨달은 자신만의 좌우명을 적는 것도 입학사정관이 만족하는 데 큰 영향을 줄 수 있습니다. 이때는 3번 문항에서 요구하는 타인과의 관계 속에서의 가치관이 아니어도 좋습니다. 누군가를 보고 나도 저러한 가치관을 지녀야겠다고 생각한 내용, 누군가를 보고 저렇게 행동해서는 안 되겠다고 결심한 것 등 다양한 상황으로부터 배우고 느낀 점을 중심으로 자신의 가치관이 어떻게 변화했는지에 대해 기술해야 합니다.

3) 역량 개발의 경험적 사례

해당 학과에 입학하기 위해 어떤 노력을 했는지를 물어보는 문항입니다. 이런 활동은 단순히 해당 학과에 입학하기 위해 공부를 열심히 한 것, 해당 학과에 대한 정보를 책이나 인터넷을 통해 찾아본 것 등 모든 활동을 포괄할 수 있습니다. 많은 활동 중에 학과에 대한 열정을 드러낼 수 있는 활동을 골라서 사례로 기술해야 합니다. 그런데 여기서 주의할 점은 역량 개발을 위해 어떠한 구체적인 노력을 했고, 그것으로부터 배우고 느낀 점이 무엇인지를 이야기하는 동시에 구체적으로 어떤 역량이 향상되었는지를 꼭 언급해야 합니다. 또한 "창의력을 높일 수 있었다, 종합적 사고력을 높일 수 있었다" 등과 같이 단순한 자기 판단적인 역량이 아니라, 창의력을 높일 수 있는 활동을 한 결과 나의 능력이 어떻게 변화되어 발현되었는지, 종합적 사고력을 발휘하여 어떤 것을 이루어낼 수 있었는지를 기술해야 합니다. 예를 들어 '학교에서 했던 심화 교육'을 소재로 선택했다면 단순히 "심화반 활동을 통해 성적이 올랐고 수학에 대한 관심이 높아졌다"라고 기술할 경우 매력이 떨어집니다. "심화반에서 한 3D 입체 공간도형 공부를 통해 기하학 공부에 대해 더 노력하는 계기가 되었고 그 이후 정다면체 등 다양한 공간도형을 머릿 속에 그리면서 공부하는 연습을 할 수 있었다"와 같이 구체적인 활동을 통해 나의 역량이 어떻게 변화되었는지 기술해야 합니다.

4) 자신에게 큰 영향을 준 책 3권

한 권은 자신의 가치관에 영향을 준 책, 두 권은 학과나 자신의 진로에 대한 관심을 보여주는 책으로 작성하는 것이 좋습니다. 책이라는 수단은 학과에 대한 관심을 드러낼 수 있는 가장 좋은 수단입니다. 이때 단순히 학과에 대한 설명을 해놓은 책이 아니라 그 학과와 관련된 학문에서, 또는 그 학문이 적용되는 분야에서 어떤 일들이 벌어지고 있는지를 그린 책이면 좋습니다. 예를 들면, 이공계열 관련 학과의 경우는 학과에서 배우는 학문 그 자체가 아닌 그 학문을 이용하여 어떤 기계를 만들어 인간 생활이 어떻게 변화되었는지를 그린 책을 택할 수 있습니다. 또는 인문계열 관련 학과라면 그 학문에 담긴 생각이 인간의 삶을 어떻게 변화시켰는지 등을 그린 책으로 선정하는 것도 좋습니다. 또한 이 책들을 선정해서 읽는다면 자신이 가고자 하는 학과에 대한 정보와 학과를 졸업했을 때 어떠한 진로로 나갈 수 있는지에 대해서 더 잘 알 수 있을 것이므로, 이러한 종류의 책을 꼭 읽고 자기소개서를 작성하는 것이 좋습니다. 이는 자기소개서 이후의 2차 면접에도 활용될 수 있습니다.

3장

불합격 자소서의
5가지 특징

01
특징 1 : **문항의 의도를 파악하지 못한다**

자기소개서를 쓰기에 앞서 많은 학생들이 이미 자기소개서로 대학 입시에 성공한 선배들의 '모범 답안'을 읽어보곤 합니다. 모범 답안을 읽을 때에는 자신도 어렵지 않게 잘 쓸 수 있을 것 같다는 느낌을 받습니다. 하지만 아쉽게도 모법 답안을 쓰는 친구들이 많지는 않습니다. 자기소개서를 평가하는 사람들이 원하는 것이 무엇인지를 제대로 깨닫지 못하고 분량을 채우기에 혈안이 되어 중요한 것을 놓치기 때문입니다.

자기소개서를 평가하는 사람들은 '배우고 느낀 점'을 무엇보다 원합니다. 이는 각 문항을 다시 한 번 곱씹어봄으로써 알 수 있습니다. 1번 문항은 '고등학교 재학기간 중 학업에 기울인 노력과 학습 경험에 대해, 배우고 느낀 점을 중심으로 기술해주시기 바랍니다. (1,000자 이내)' 이고 2번 문항은 '고등학교 재학기간 중 본인이 의미를 두고 노력했던 교내 활동을 배우고 느낀 점을 중심으로 3개 이내로 기술해주시기 바랍니다. (1,500자 이내)'입니다. 잘 쓴 자기소개서는 이와 같이 문항에서 원하는 대로 '배우고 느낀 점'을 착실히 잘 쓴 것이고, 그렇지 못한 자기소개서는 문항에서 원하는 '배우고 느낀 점'에 대해 이야기하지 못하고 다른 이야기를 늘어놓는 것입니다.

매일 밤마다 기숙사에서 친구들이 모두 잠이 들고 나서 한 시간 동안 복습을 하였고, 아침에는 기상시간보다 30분 일찍 일어나 외울 단어를 30개씩 정리하였습니다. 비문학 지문을 풀고 난 뒤에 꼼꼼하게 오답 정리를 하였습니다. (…) 수업시간에도 선생님의 눈을 한 번도 피하지 않았고, 수업과 관련된 질문도 하려고 노력했습니다. 꾸준히 수학 복습을 했던 덕분에 3번의 수학 경시대회에서도 수상하기도 했습니다. (…) 그뿐만 아니라 공부가 잘 되지 않는 시간에는 시간을 효율적으로 사용하기 위해 청소년 권장 도서를 읽었고, 꾸준한 독서 때문인지 교내 독서 감상문 대회에서 수상하기도 하였습니다. 공부에 집중을 하게 되면서 체력이 약해졌는데 체력을 키우기 위해 저녁 시간에 시간을 정해서 운동장을 뛰었고, 취미로 배드민턴을 하곤 했습니다.

영어 듣기 실력을 키우기 위해서 일상생활에서 영어를 많이 접할 수 있도록 노력하였습니다. 영어 캠프에 적극적으로 참여하여 영어로 의사소통할 기회를 많이 가졌습니다. 이뿐만 아니라 캠프가 끝난 이후로도 쭉 원어민 선생님과 연락을 유지하며 영어로 대화하는 시간을 늘리기 위해 노력했습니다. 학교에서도 친한 친구들과 함께 영어로 말하는 시간을 따로 정해놓고 말하기 실력도 기르려고 노력했습니다.

덕분에 내신 시험과 모의고사에서 좋은 점수를 얻었을 뿐만 아니라 교내 영어 말하기 대회에서 2회 연속으로 수상을 할 수 있었습니다. 3학년 때는 2학년 학생들을 대상으로 멘토링하였는데 멘티 친구 또한 이러한 방법을 거친 이후에 좋은 성적을 받을 수 있었습니다.

두 사례를 읽은 학생들의 반응은 대부분 다음과 같습니다. '대단하다. 어떻게 매일 밤 늦게 자고 일찍 일어나서 공부를 할 수가 있지?', '대단하다. 수학 공부를 열심히 하더니 수학경시대회에서 상까지 탔네?', '대단하다. 일부러 영어로 말하는 시간까지 설정해놓고 지키다니' 등등 감탄을 합니다. 위와 같이 자기소개서에 경험들을 늘어놓는 사람들도 다른 사람들이 쉽게 하지 않는 일들을 잘 해냈다는 것에 대해 자랑스러워합니다. 그런데 이와 같이 '대단함'을 돋보이게 하려는 서술은 1번 문항에서 가장 많이 하는 실수입니다. 앞서 말했듯이 1번 문항에서는 '배우고 느낀 점'을 강조합니다. 얼마나 많은 양의 공부를 하려 했고, 실천했으며, 얼마나 뛰어난 성과를 보였는지와 같은 경험을 주저리주저리 나열하는 것은 문항에서 요구하는 것을 제대로 파악조차 하지 못한 글입니다. 좋은 성적을 거두지 않아도 됩니다. 많은 시간을 공부하지 않아도 됩니다. 다만 공부하는 동안 다른 사람이 아닌 오직 자신만이 배우고 느낀 바를 착실하게 써야 하는 것입니다.

자기소개서를 통해 대학이 뽑고 싶은 학생

| 대단한 학생 | ≠ | 대학이 뽑고 싶은 학생 | = | 누구나 할 수 있는 일에도 자신만의, 느끼고 배운 점이 있는 학생 |

이번에는 2번 문항에서 실수한 사례입니다.

선생님의 권유로 매일 일기를 썼습니다. 그 일기는 일반적인 일기와는 달리 행복한 일들과 선행을 했던 일들에 대해 적는 일기였습니다. 처음과 달리 한두 달 뒤에는 사소한 일도 행복하게 여기게 되었고, 작은 선행이라도 더 하려는 제 모습을 보았습니다. 변한 자신을 보며 놀라울 뿐이었습니다. 그 이후부터 스스로 일기를 적어나갔고 교내대회에서 수상하였습니다. 선생님이 쓰길 바랐던 일기는 세상을 행복하게 바라보도록 도움을 주었습니다. 한편, 포트폴리오는 꿈을 구체적으로 생각하게 해주고 확신할 수 있는 꿈을 찾는 데에 도움이 되었습니다. 처음에는 무엇으로 채워야 할지 모를 때 선생님께 조언을 구하기도 했습니다. 선생님께서 포트폴리오에 '꿈을 이루고자 하면 꼭 이루어지리라'라는 명언을 정성 들여 써주셨습니다. 처음에는 별 의미가 없던 명언이었고 여전히 포트폴리오가 어떤 의미를 주는지 몰랐지만, 저의 일상들을 채워 넣고 포트폴리오를 정리하니 저의 활동들을 통해서 저만의 꿈을 찾게 되었습니다.

이 글 역시 남들이 하지 않은 특별한 일을 했다는 그 사실만으로 심사위원들에게 어필하려 하고 있습니다. 문제에서 요구하는 '배우고 느낀 점'은 전혀 찾아볼 수 없습니다. 이와 같은 사례뿐만 아니라 '살아가면서 행복한 면들을 볼 수 있다는 것이 삶의 질을 얼마나 높이는지 알 수 있었습니다'와 같이 한두 줄로만 자신의 느낀 점을 쓴 자기소개서는 합격을 바랄 수 없는 자기소개서라는 것을 꼭 기억하고, 다른 학생들이 범했던 실수를 되풀이하지 않기를 바랍니다.

한 부서의 부장으로 역할을 하며 갈등을 해결하는 능력을 기를 수 있었습니다. 부원들에게 부서의 일이 지체되지 않도록 독려를 하며 무사히 일들을 마무리하는 과정을 여러 번 겪었습니다. 부원들의 협력을 통해 하나의 과업을 달성할 수 있도록 하는 능력은 어느 곳에서나 꼭 필요한 능력이라고 생각합니다. 하나의 부서를 이끌어가며 얻은 이 소중한 깨달음은 교사가 되어 협력의 중요성을 가르치는 교사가 되는 데 큰 도움이 될 것입니다.

마지막 사례에서는 제법 배우고 느낀 점을 잘 쓴 것처럼 보입니다. 하지만 아쉬운 것은 지나치게 배우고 느낀 점이 단순하다는 것입니다. 느끼고 배운 점 중에 가장 핵심이 되는 내용은 '교사가 되어 협력의 중요성을 가르치는 교사가 되는 데 큰 도움이 될 것입니다'라는 부분입니다. 하지만 지나치게 단순하게 서술되어 있어서 읽는 사람에게 큰 감동을 주지 못합니다. 읽는 사람이 이 부분에 더욱 집중하게 하기 위해서는 더 구체적으로 쓸 필요가 있습니다. 교사가 왜 협력을 가르치는 것이 중요한 것인가에 대해 자신이 가지고 있는 문제의식, 그리고 현재 교실에서는 협력이 제대로 이루어지지 않고 있다는 상황에 대한 문제의식 등을 넣어 같은 내용을 쓰더라도 자신만이 제시할 수 있는 생각을 추가로 덧붙여준다면 문항에서 요구하는 '배우고 느낀 점'의 조건에 부합하는 내용을 쓸 수 있을 것입니다.

특징 2 : **자기소개서에 '내'가 없다**

'사람은 죽는다. 소크라테스는 사람이다. 그러므로 소크라테스는 죽는다.' 이 문장은 잊을 만하면 생각지도 못한 곳에서 마주치게 되는 문장입니다. 아마도 지금까지 수십 번은 족히 듣거나 보았을 것입니다. 처음에 들을 때는 '아, 이런 것이 3단논법이구나'라는 사실을 알게 되어 흥미가 생길 수 있습니다. 하지만 그 사실을 이미 알고 난 이후에 반복해서 들으면 처음에 생겼던 흥미는커녕 지루하기 짝이 없습니다.

여러분들이 겪는 이와 같은 고충을 자기소개서를 심사하는 심사위원들도 겪고 있습니다. 다른 지역, 다른 학교, 다른 상황 속에서 다른 경험들을 하며 자라온 학생들이지만 정말 많은 학생들이 같은 이야기를 반복합니다. 특히나 1번 문항에서는 마치 복제를 한 듯 비슷한 내용들을 쓰곤 합니다.

중학교 성적은 반에서 1등을 놓치지 않을 정도로 좋았습니다. 중학교 때 하던 것처럼 하면 성적이 잘 나올 것이라 믿고 공부를 했습니다. 하지만 입학 후 첫 시험에서 난생처음 저조한 성적을 받게 됐습니다. 하지만 저는 문제를 분석하는 대신에 시험이 어려웠던 것이라고 합리화를 해버렸습니다. 얼마 후에는 중간고사를 봤습니다. 이때도 중학교 때 했던 방식대로 공부를 했는데 또 다시 실망할 만한 점수를 받게 되었습니다. 하지만 의지를 다지고 그 동안의 공부 방법을 되돌아보면서 선배들의 공부법을 찾아보았습니다. 선배들이 하는 구체적인 말은 모두 달랐지만 공통점은 자신만의 공부법이 있어야 한다는 것이었습니다. 하지만 이미 나만의 공부법이라고 생각했던 것이 실패로 돌아갔기 때문에 새롭게 나만의 공부법을 만들어야 한다는 것은 당황스러운 일이었습니다. 선생님들께 많은 도움을 받고 나니 공부에 대해 깨달은 것이 있었습니다. 기본에 충실하자는 것입니다. 이것을 깨닫고 나니 바닥을 치던 성적이 올랐습니다.

1번 문항 속에 있는 '고등학교 재학 기간 중 학업에 기울인 노력과 학습 경험에 대해…'라는 말 때문인지 학생들은 마치 짠 것처럼 같은 실수를 되풀이하곤 합니다. 하지만 앞서 보았듯이 1번 문항에서 중요한 것은 '배우고 느낀 점을 중심으로 기술해주시기 바랍니다'입니다. 언뜻 봐서는 1번 문항에 아주 적합하게 쓴 글인 것처럼 느껴집니다. '학업에 기울인 노력과 학습 경험'이라는 것이 공부를 했던 경험을 일컫는 것처럼 느껴지기 때문입니다. 하지만 너무 뻔합니다. 많은 학생들이 마치 한 사람의 글을 보고 베껴 쓴 것처럼 이야기 전개 방식이 같은 글을 써냅니다. '성적이 좋지 않았다' ⇨ '여러 가지 공부 방법들을 찾다가 좋은 방법을 찾았다' ⇨ '성적이 올랐다' 딱 이 세 단계의 구조입니다. 구조가 아무리 같더라도 개인마다 구체적인 경험이 다르겠지만, 심사위원은 너무도 같은 구조로 이야기가 전개되기 때문에 구체적으로 다른 경험마저 비슷한 경험으로 느끼게 됩니다.

자기소개서를 쓰는 학생들이 가장 많이 쓰는 이야기 전개 구조

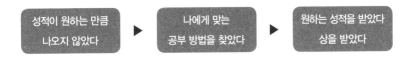

성적이 원하는 만큼
나오지 않았다
▶
나에게 맞는
공부 방법을 찾았다
▶
원하는 성적을 받았다
상을 받았다

비슷한 이야기들로 채워져 있는 학생들의 글을 읽는 심정을 상상해볼까요? 책을 선물받고 기분이 좋아서 책을 읽기 위해 책장을 넘겼는데 그 안에 애국가가 1절부터 4절까지 반복해서 200페이지 모두 빼곡히 채워져 있는 상황이라면 어떨까요. 아무리 우리나라에 대한 사랑을 일깨워주는 애국가라 할지라도 이미 잘 알고 있는 애국가가 200페이지에 걸쳐 있노라면 끝까지 정독하기엔 상당한 에너지가 필요할 것입니다. 혹여나 여러분들이 위와 같은 3단계의 구조로 자기소개서의 1번 문항을 썼거나 쓰려고 했다면 다시 한 번 고민해보는 것이 좋습니다.

나만 할 수 있는 이야기로 무장하라

1번에서 위와 같은 실수를 많이 한다면, 문항 전체에 걸쳐 하는 실수도 있습니다. 아래의 사례를 읽으면서 어떤 실수가 포함되어 있는지 체크해봅시다.

일반적으로 진행되는 수업과는 달리 청소년들이 쉽게 접할 수 있는 소재를 가지고 딱딱하지 않고 유연하게 진행되었습니다. 그러다 보니 일반 수업 때와는 다르게 적극적으로 참여하게 되었고 반강제적으로 지식을 습득하기보다는 수업을 듣다 보면 알아서 지식이 습득되는 경험을 하게 되었습니다. 정규 수업 시간에는 겪어보지 못했던 경험이었습니다. 이러한 교육을 겪어보니 선진교육이라는 것이 무엇인지 알 수 있었습니다.

단순한 지식으로 한정되는 수업이 아니라 다양하고 폭넓은 경험을 통해 학생들과 그들의 적성과 흥미에 맞는 꿈을 함께 탐색해나가는 수업을 해야 합니다. 나아가 이를 통해 학생들이 학교를 떠나게 되었을 때 건강한 사회 일원으로서 역할을 할 수 있게끔 해야 합니다. 학생들의 인생 목표를 세워주는 것이 국가·사회 발전의 지름길을 제공하는 것이라 생각합니다.

축제를 진행하는 책임자로서 어떻게 하면 더 좋은 축제를 만들 수 있을지 고민했습니다. 다양한 의견들을 조정해나가는 과정에서 분쟁이 생기기도 했지만, 의견을 조정하니 금방 뜻을 모을 수 있었습니다. 이러한 경험은 혼자서는 힘든 일도 다 같이 협력하여 행동하면 쉽게 해결될 수 있다는 것을 깨달을 수 있는 계기였습니다.

상당히 잘 쓴 것 같지만 아쉬운 부분은 '진부한 표현'을 마치 자신이 직접 고안한 것같이 쓴 부분이 있다는 것입니다. 첫 사례에서는 상당히 자신만의 경험을 잘 말해주었는데, 마지막 문장에서 '선진교육'이라는 단어를 쓴 것이 아쉽습니다. '선진교육이라는 것이 무엇인지 알 수 있었습니다'라는 해당 문장을 읽고 나면 읽는 사람은 '그게 뭔데?'라고 자연스럽게 반문하게 됩니다. 물론 앞에서 자신의 경험을 통해 설명을 하기는 했지만 마지막으로 요약하는 문장을 이와 같이 쓴다면 읽는 사람 입장에서는 무조건 반문을 하게 됩니다. '선진교육'이라는 말은 신문이나 방송에서 심심치 않게 들을 수 있는 '진부한 표현'입니다. 그럼에도 불구하고 '선진교육'이라는 단어를 쓰고 싶다면 자신의 생각을 덧붙여서 써야 합니다. '자신의 경험이 왜 선진교육의 모습이라고 불릴 수 있는지', '선진교육이라는 것은 앞서 나갔다는 교육이라는 것인데 왜 그런 방향으로 발전해나가야 하는 것인지'에 대한 자신의 생각을 표현해주는 것이 자기소개서의 매력도를 높일 수 있습니다. 애매한 것보다는 구체적인 것이 좋다는 점을 항상 기억하시길 바랍니다.

두 번째 사례는 신문기사나 교과서에서 나온 말을 그대로 쓴 문장들로 구성되어 있습니다. 아주 진부한 표현으로만 이어져 있어서 아무리 좋은 말이라도 읽는 사람에게 특별함을 주지 못하며, 따라서 좋은 평가를 받기 어렵습니다. 물론 틀린 말도 아니고, 충분히 좋은 의미를 담고 있는 문장이기 때문에 문장 전체를 삭제할 필요는 없습니다. 다만 각 주장에 대한 '자신만의' 이유를 보탬으로써 '어디서 보고 베낀 문장'이라는 오해를 불식시킬 수 있습니다.

세 번째 사례는 다른 매체에서 볼 수 있는 문장은 아닙니다. 하지만 '진부한 표현'이라는 것이라는 점에서는 위의 두 사례와 다를 바가 없습니다. 물론 실제로 진부한 표현을 쓸 만한 경험을 했을 수도 있습니다. 그럴 때에는 조금 더 상황을 구체화해서 써야 하며 상황이 구체화되면 느끼고 배운 점도 자연스럽게 자신만의 표현으로 쓸 수 있을 것입니다. 위의 사례에서 예를 들자면, '어떤 분쟁이 발생하였는지'에 따라 의견 조정의 방법이 달라질 수도 있으며 그 상황에서 자신의 의견을 관철했어야 했는지, 아니면 포기해야만 했는지 등의 다양한 경험을 추가로 도출할 수 있습니다.

03

특징 3 : 글자 수 채우기에 급급하다

'썩은 사과 이론'이라는 것이 있습니다. 사과 상자 속에 썩은 사과가 하나 있다면 그 썩은 사과 때문에 다른 사과들까지 모두 썩게 된다는 현상에서 이름을 따온 이론입니다. 학생들이 쓴 글을 보면 1,000자, 1,500자를 쓰는 것을 얼마나 힘들어하는지 느낄 수 있습니다. 분량을 맞추는 것에 급급하여 작은 문장에까지 많은 신경을 쓰지 못합니다. 하지만 그러다 보니 썩은 사과 같은 한 문장 때문에 자기소개서 전체가 보잘것없어 보이는 안타까운 경우가 생기게 됩니다.

쓸데없는 문장은 정말로 쓸데없다

학생들은 1,000~1,500자가 되는 분량을 채워 넣기 위해 고군분투를 합니다. 이 과정에서 글자 수를 채우기 위해 의미 없이 쓰는 문장들이 정말로 많습니다. 앞뒤 맥락과도 전혀 연결이 안 되고, 왜 쓴 건지도 이해할 수 없는 문장이 수두룩합니다. 이러한 문장들은 안 쓰는 것이 훨씬 낫습니다.

> 개념을 다시 정리하게 되면서 그와 같은 사상이 나오게 된 배경을 자세히 살펴보았습니다. 이전에는 실존주의와 같은 용어들이 생소하기도 하고 헷갈려서 무작정 중얼대며 암기를 했었지만 사상의 배경을 알게 되니 이해가 되고 암기도 쉽게 했습니다. 실존주의가 등장했던 시기는 과학의 발전으로 인해 인간의 존엄성이 위협 받던 시기였기 때문에 인간의 주체성을 중요하게 생각하는 사상들이 등장했던 것입니다. 이러한 경험을 하고 비슷하게 공부를 해나가니 시간이 지나도 공부한 내용은 잊어버리지 않을 수 있게 되었고 그로 인해 할 수 있다는 생각이 들었습니다.

학업 생활을 쓰는 1번 문항의 한 부분입니다. 이 사례 역시도 앞서 짚었던 '성적 향상의 3단계'를 말하고 있었는데요. 이 부분은 앞에서 다루었으니 여기서는 '쓸데없는 문장'에 대해 집중해보기로 합시다. 이 글에서 '실존주의가 등장했던 시기는~ 사상들이 등장했던 것입니다'라는 문장은 자기소개서에 쓰지 않아도 되는 문장입니다. 자신의 이야기를 적어내려가야 하는 자기소개서에 마치 교과서에서 나올 듯한 문장을 적어 넣었습니다. 자기소개서는 특정한 지식의 전달을 목적으로 하는 글이 아닙니다. 이 문장으로 인해 이와 관련된 여러 문장들이 다 함께 쓸데없어 보이게 될 수 있습니다. 자기소개서에서는 반드시 해야 하는 이야기, 필요한 문장만 써야 한다는 것을 잊어서는 안 됩니다.

자신을 스스로 깎아내리지 말자

자기소개서는 기본적으로 스스로 자신감 있게 자신을 드러내야 하는 글입니다. 하지만 글을 쓰는 학생들은 스스로 자신이 없는 것인지, 아니면 겸손하고 싶은 것인지, 자신에 대해서 한껏 낮추어 말하는 경우가 많습니다.

> 저는 먼 훗날 어떤 모습으로 살고 싶은지에 대해서 많은 시간 동안 고민을 하곤 합니다. 하지만 진로에 대한 확신이 서지 않습니다. 이것저것 다른 것을 고민하고 있기 때문입니다. 고민만 하다가 제가 선택한 진로와 관련된 활동을 제대로 하지 못했습니다. 그럼에도 불구하고 저는 저만의 활동을 하면서 진로에 대한 확신을 키워갔습니다.

이런 식으로 쓰는 학생들이 적지 않습니다. 학생들은 본격적인 내용을 시작하기에 앞서 자신이 잘난 점보다는 못난 점을 먼저 말하고 핵심이 되는 내용을 서술합니다. 위 사례에서의 문제점은 심사위원들로 하여금 '이 학생은 진로에 대해 불확실하구나, 우리 과에 대한 확신도 부족하겠구나'라는 생각이 들게끔 한다는 것입니다. 사람들에게 자신이 전하고자 하는 말을 잘 전달해야 하는 발표와 비교를 해봅시다. 발표를 잘하는 방법 중 하나는 시작하기도 전에 부정적인 말을 하지 말라는 것입니다. 사람들은 발표에 대한 두려움을 가지고 있고 자신감이 결여됐기 때문에 발표를 하기 전에 '제가 어젯밤에 급히 하느라 두서가 없지만 이해해주시길 바랍니다', '제가 말을 못하니 더듬어도 이해해주시길 바랍니다' 등의 말을 합니다. 하지만 이런 말을 듣는 청중들은 '이해해달라'는 말보다는 '두서가 없다', '말을 더듬는다'에 집중을 하게 되어서 발표 내용에는 보다 덜 집중하게 됩니다. 글도 마찬가지입니다. 자신을 깎아내리는 문장이 있다면, 특히 가장 첫 문장에 부정적인 문장을 쓴다면, 여러분들은 이미 심사위원들의 마음속에 부정적인 사람으로 각인되게 됩니다.

> 수학을 공부함에 있어 부족함을 느낀 저는 조급함을 버리고 천천히 배우려고 노력했습니다. 수학 원리를 익히고자 같은 문제들을 반복해서 풀고 어려운 문제들을 끈기 있게 붙잡고 풀었습니다. 처음에는 열심히 풀었음에도 잘 풀지 못하는 제 자신에게 실망도 하고 답답해서 공부를 하다가 펑펑 울기도 했습니다. 하지만 이런 노력을 계속 하다 보니 어려운 문제를 풀 때 고민을 하는 시간도 줄고 정답을 맞히는 횟수가 점점 늘어났습니다.

이 사례에서는 자신의 상황을 지나치게 부정적으로 서술하였기에 부족하다고 말할 수 있습니다. 자신의 맘대로 잘 되지 않는 상황에 누구나 답답하고 실망도 많이 하겠지만 '펑펑 울기도 했습니다'라고 그것을 표현한다면 읽는 사람의 입장에서는 글쓴이가 정신력이 약한 사람이라는 인상이 생길 수밖에 없습니다. 따라서 이럴 때에는 '낙담했다'와 같이 부정적이더라도 상대적으로 일반적이고 담담한 단어를 쓰는 것이 더 낫습니다.

한눈에 반하게 만드는 첫 문장의 힘

심리학에 '초두효과'라는 이론이 있습니다. 어떤 대상을 판단할 때 처음 얻게 된 정보가 나중에 얻게 된 정보보다 더 큰 영향력을 미친다는 이론입니다. 그래서 첫인상을 좋게 만드는 것은 인간관계에서 중요한 사실 중에 하나라는 것을 많은 사람들이 알고 있습니다.

글이라는 것은 문자를 통해서 다른 사람과 마주하게 되는 것입니다. 따라서 글도 다르지 않습니다. 첫 문장은 여러분의 글을 마주하는 사람에게는 첫인상과 같습니다. 시작되는 부분에서 매력을 느끼게 할 수 있다면 뒤에 나오는 작은 실수들은 용서가 될 수도 있습니다.

이제 매력적인 첫 문장을 쓰는 방법을 간략히 소개하려고 합니다.

첫 번째는 읽는 사람이 호기심을 갖도록 해야 한다는 것입니다. 여러분들이 쓸 내용을 재치 있게 압축한 한 문장을 쓰는 것이 좋습니다. 두 번째, 자신의 생각을 당당하게 드러내는 것입니다. 읽는 사람이 평소에 어디에서도 들어보지 못한 여러분만의 생각을 첫 문장으로 제시해 준다면, '이 학생은 특별한 것을 말하려 하는구나'라는 기대감과 함께 앞서 말했던 호기심을 불러일으킬 것입니다. 세 번째, 여러분이 겪은 특별한 경험을 한 줄로 요약하는 것입니다. 두 번째의 경우와 마찬가지로 이는 읽는 사람으로 하여금 호기심과 기대감을 불러일으킵니다.

"열등감은 나를 앞으로 나아가게 한다." 저는 열등감으로 인해 친구들과 비교를 하곤 했습니다. 그러다 보니 자존감은 점점 낮아졌을 뿐만 아니라 열심히 공부를 하여도 원하던 결과를 얻지 못하였습니다. 그 원인을 찾고자 며칠을 밤낮으로 고민하였고 동시에 열등감을 이겨내고자 최선을 다했습니다. 이후 '집중'의 중요성을 깨달았습니다. 열등감을 이겨내고자 '집중'을 하는 데에 노력을 한 결과 이전보다 더 나은 결과를 얻을 수 있었습니다. 열등감이 없었다면 저는 나태해져서 제자리에 머물러 있기만 했을 것입니다.

위의 사례는 세 가지 경우를 모두 충족시킵니다. 읽는 사람으로 하여금 호기심을 불러일으켰으며, 자신에 대해 스스로 정의하며 자신의 생각을 당당히 표현하였고, 자신이 했던 특별한 경험을 응축하여 표현했기 때문입니다.

영화의 장르 중 액션과 스릴러가 혼합되어 있는 장르를 선호합니다. 어느 날 남녀 주인공들이 카지노 게임을 하는 영화를 보게 되었습니다. 주인공들이 카지노에서 고도의 심리전을 펼치면서 게임을 하는 모습을 보고 가슴이 뛰었습니다. 이후 인터넷을 통해 카지노와 관련된 직업에 대해 찾아보게 되었고 카지노에 근무 중인 지인에게 직업에 관련해서 이야기를 듣게 된 후에 카지노에서 근무하는 것을 꿈꾸었습니다.

반면에 위와 같이 첫 문장을 인상적으로 써야겠다는 인식 없이 다짜고짜 자신의 이야기를 시작하게 되는 경우가 있습니다. 이러한 첫 문장 이후에 전개되는 글은 자기소개서라기보다는 일기나 에세이와 같이 느껴지게 됩니다. 따라서 첫 문장을 쓰는 데 가장 많은 시간을 할애해야 한다는 사실을 잊지 마시기 바랍니다.

04

특징 4 : 핵심을 전달하지 못한다

1,000자의 글은 짧은 글이 아닙니다. 그러다 보니 학생들은 이 긴 글을 채우기 위해서 오랜 시간 혼자서 전전긍긍합니다. 그렇게 전전긍긍하다가 학생들이 찾은 방법 중의 하나는 짧은 이야기를 길게 늘려 말하고 싶은 바를 우회적으로 말하는 것입니다. 하지만 간혹 모로 가다가 서울이 아닌 샛길로 빠져버리는 자기소개서가 많습니다. 문항에서 바라는 이야기가 아니라 다른 이야기를 하고 있는 것입니다. 두서없이 글자를 채우기에 급급하다 보니 문장들의 연결도 부자연스럽고 억지스럽기까지 합니다. 사례를 보면서 구체적으로 살펴보겠습니다.

학교에서 일어나는 많은 문제들에 대해 관심이 많있는데, 기회가 닿아 선도부로서 학생 임원으로 활동하게 되었습니다. 하지만 생각과 달리 학업과 병행하는 것이 쉽지가 않아 소극적으로 활동을 하였습니다. 그러다 보니 다른 임원들이 저의 소극적인 행동과 그로 인한 회의 차질 때문에 기분이 상했습니다. 그래서 그들과 마음을 터놓고 이야기하는 시간을 갖기로 했습니다. 이후 저는 보다 적극적으로 학생회에 임하게 되었습니다. 고3 선배들이 수능을 볼 때 어떤 식으로 응원하면 좋을지에 대해 활발히 토론하고, 그 외에 학교에서 벌어지는 문제들을 해결하고자 최선을 다했습니다. 이런 경험을 통해 진로를 확정하기도 했습니다. 상담가가 되고 싶었지만 확신이 없었는데, 제가 얻은 경험을 바탕으로 상담가라는 직업이 저의 적성과 맞을 수 있다는 생각을 하였습니다.

이 답은 어떤 문항에 대한 답인지 추측하기가 어렵습니다. 읽는 이에게 전하고자 하는 것을 제대로 전달하지 못하고 있습니다. 3번 문항인 '학교생활 중 배려, 나눔, 협력, 갈등 관리 등을 실천한 사례를 들고, 그 과정을 통해 배우고 느낀 점을 기술해주시기 바랍니다'에 대한 답입니다. 위의 답은 3번 문항에 대해서 동문서답을 한 경우라고 할 수 있습니다. 문항의 요구대로 썼다면 배려, 나눔, 협력, 갈등 관리 등과 같이 자신이 실천했던 경험에 대해 구체적으로 쓰고 그 과정에서 배우고 느낀 점이 서술되어 있어야 합니다. 하지만 위의 사례는 갈등 관리에 대해 쓰고 싶었던 듯하나 그 경험이 구체적이지 못해 제대로 드러나지 않았습니다. 또한 결론은 갈등 관리에 대해 배우고 느낀 점이 아니라 자신의 진로 확정이라는 엉뚱한 결론에 이르렀습니다. 이러한 글은 심사위원으로 하여금 '문항을 제대로 파악하지도 못했구나'라는 부정적인 생각을 강력히 갖게 합니다.

학교에서 운영하는 오케스트라 단원이었습니다. 오케스트라 공연 중에 독주를 해야 하는 시간이 있었습니다. 생애 첫 연주여서 연주를 한다는 생각만 해도 손, 다리가 부들부들 떨리고 긴장이 되었습니다. 게다가 연주가 너무 어려웠기 때문에 무대에서 틀릴 것 같다고 생각이 들기도 했습니다. 하지만 그럴 때마다 선생님께서 잘할 수 있다고 격려를 해주셨고 시간이 남을 때 무조건 연습을 하였습니다. 그러다 보니 무사히 공연을 마칠 수 있었고 친구들로부터 칭찬도 받을 수 있었습니다.

이 글 역시도 3번 문항에 쓴 내용입니다. 이 사례에서는 자신이 첫 공연을 준비하며 겪은 어려움과 그것을 극복한 경험을 썼습니다. 하지만 3번 문항은 스스로 모든 것을 이겨낸 경험을 원하는 것이 아닙니다. 3번 문항은 여러 사람들이 살아가는 사회 속에서 지원자는 어떠한 역할을 할 수 있는지에 대해 물어보고 싶은 것입니다. 대표적으로 배려, 나눔, 협력, 갈등 관리가 사람들 사이에서 할 수 있는 역할들이기 때문에 문항에 구체적으로 명시를 해둔 것입니다. 여러분이 3번 문항을 쓰고 있는데 그 내용 안에 자신만 등장하는 이야기가 주를 이루고 있다면 이는 문항에 대한 이해가 부족한 것이므로, 반드시 다시 한 번 생각을 정리하여 글을 쓰기 바랍니다.

글쓰기는 억지로 조립하는 것이 아니다

문항을 제대로 파악하고도 합격을 하지 못하는 자기소개서가 있습니다. 자신이 스스로 진심을 담아 쓴 것이 아닌 경우입니다. 조언을 듣더라도 스스로 생각을 해서 글을 이어나가야 합니다. 그런데 글을 본 사람으로부터 '이런 내용은 꼭 있어야겠는데 없네?', '이런 내용을 추가하면 좋을 것 같은데?'라는 말을 듣고 전체적으로 수정하는 것이 아니라 부자연스러운 부분에 내용을 추가하게 됩니다. 그러다 보니 전체적으로 억지스러운 느낌을 주는 글이 됩니다.

> 제 오랜 꿈을 이루기 위해서 영어영문학과에 지원하게 되었습니다. 입학 후 2년 동안은 꿈에 한 발 더 다가가기 위해 노력할 것입니다. 1학년과 2학년에 걸쳐 전공에 개설된 영어회화 과목을 모두 들을 것입니다. 그와 더불어 영작문, 영문법, 영어학개론, 영어 음성학 등을 착실하게 들을 것입니다. 그와 같은 내공을 바탕으로 제 꿈과 관련된 다양한 활동들을 할 것입니다. 그리고 3학년 때 영어 통사론 등을 배우면서 토플에서 70점 이상의 점수를 얻을 것입니다. 그리고 교환학생을 준비하여 영어에 대해 자신감을 키울 것입니다. 학교에서의 마지막 생활을 지내게 되는 4학년 때는 영어 구조의 이해, 영어 전치사 강론, 영어 어휘의 이해를 배우면서 토익 만점을 목표로 할 것입니다.

대학 입학 후의 계획이 아주 분명하고 구체적입니다. 하지만 거기에 함정이 있습니다. '누군가 전공 수업에 대한 관심을 높다는 것을 강조하기 위해서 전공 강의들을 나열하라고 한 모양이구나'라는 인상을 강하게 받게 됩니다. 위 사례에는 전공 강의에서 어떤 내용을 배우는지에 대한 이해가 드러나는 부분이 하나도 없습니다. 그저 강의 제목만을 늘어놓으며 소위 말하는 '스펙'을 쌓기 위해서 노력하겠다는 내용으로 구성되어 있습니다. 이미 꽤 잘 만들어진 조립품에 누군가로부터 '부족하다'는 조언을 듣고 부자연스러운 것들을 붙이게 된 것입니다. 꼭 들어가야 하는 것들을 억지로 채워 넣고, 채워 넣은 이야기에 대해 엉성한 이유를 덧붙였을 뿐입니다. 그런데 영어영문학 강의가 스펙 쌓기의 도구로서 토익과 토플 점수를 올리는 데에 이용될 것이라는 이야기에 감동을 받을 사람은 쉽게 찾을 수 없습니다.

05

특징 5 : **간결하지 못하다**

구어체와 문어체는 상당히 다릅니다. 여러분들이 친구들과 대화를 할 때에는 특별히 끝내고 시작되는 부분 없이 이야기가 끊임없이 이어져도 서로 이해할 수 있습니다. 하지만 친구들과 이야기할 때보다 집중력이 더 요구되는 글쓰기에서 시작과 끝이 너무 멀거나 이야기를 중언부언하게 되면 글을 읽는 사람은 쉽게 지치게 됩니다. 만연체에 대한 이야기입니다.

만연체란 간단히 말해서 '긴 문장'입니다. 유명한 소설가들은 수식어구들을 쓰면서 만연체를 잘 사용하기도 합니다. 어떤 작가의 소설에서는 단 한 문장으로 두 페이지를 넘기는 경우도 있습니다. 만연체는 글을 쓰는 사람이 생각하는 바를 한 번에 모두 전할 수 있다는 점에서 장점이 있지만, 자칫하면 문장의 긴밀성이 떨어지고 읽는 사람의 이해도가 떨어질 수 있다는 단점을 가지고 있습니다. 특히 자기소개서에는 만연체를 쓸 필요가 없습니다. 간단한 문장들로 깔끔하게 자신을 소개할수록 글을 읽는 사람에게 자신을 더 잘 표현할 수 있기 때문입니다.

> 이 소식을 듣고 지금까지 최선을 다한 것에 큰 보람을 느꼈고, 덕분에 봉사 동아리를 더 열심히 할 수 있었습니다. 봉사 동아리를 하면서 많은 선행들이 어려운 것이 아니라는 것을 배웠고, 긍정적인 마음가짐을 가지는 것이 얼마나 행복한 일인지를 배웠으며 결과적으로 선행들이 저의 일상에서 아주 중요한 부분으로 자리매김할 수 있는 기회가 될 수 있었습니다. 봉사 동아리를 하면서 그동안에 접해보지 못한 여러 가지 봉사활동을 할 수 있었고, 그에 따라 선행과 관련된 여러 가지 상들을 수상할 수 있었으며, 3학년 때는 학교를 대표하는 상인 '인재상에 부합하는 학생'을 수상하기도 했습니다.

이 사례에서는 한 문장을 2~3줄로 길게 서술하고 있습니다. 하지만 충분히 짧은 문장들로 끊고 접속사로 자연스럽게 나눌 수도 있었을 것입니다. 마침표는 읽는 사람에게 쉬어가는 시간을 주면서, 동시에 앞서 읽은 내용을 정리할 수 있도록 합니다. 또 새로 시작되는 문장에 대해서도 마음의 준비를 하도록 합니다. 반면에 쉼표는 문장이 끝난 것이 아닙니다. 따라서 읽는 사람은 해당 문장이 말하고자 하는 바를 놓치지 않기 위해서 긴장감을 유지하게 됩니다. 그런데 이것은 큰 집중력을 요구하기 때문에 반복되면 읽는 사람을 지치게 합니다. 따라서 쉼표에만 의존하는 것은 좋지 않으며, 아무리 긴 문장이라도 두 줄을 넘어가게 쓰지 않도록 유의하는 것이 좋습니다.

어린 시절 초등학교 때부터 친구였던 두 친구는 오래전 과거에 있었던 일들까지 말해가면서 다투고 있었고 그 상황은 점점 악화되어갔습니다. 친구들을 중재를 하기로 마음을 먹었기는 했지만, 자칫 제가 자세히 알지도 못하는 과거 일임에도 불구하고 제가 개입하는 것이 조심스럽고 부담스럽기도 했지만 저는 중재를 하기로 마음을 굳건히 하고 서로 각자의 생각을 정리할 수 있도록 어느 정도의 시간이 흐르고 난 후에 한 친구를 찾아가 다른 친구와 관련된 이야기를 하였습니다.

위의 예시글에서와 같이 만연체는 읽는 사람을 지치게 할 뿐만 아니라 쓰는 사람 자신도 실수를 저지르기 쉬운 문장 서술 형식입니다. 만연체로 쓰다 보니 자신이 앞서 썼던 주어, 목적어, 서술어들을 잊어버리고 쓰지 않아도 되는 것을 한 번 더 쓰는 경우가 종종 있습니다. 위의 사례에서도 '제가 자세히도 알지도 못하는 과거 일임에도 불구하고 제가 개입하는 것이~'와 같이 한 번만 써도 될 '제가'를 두 번 써서 읽는 사람을 불편하게 합니다.

문장 단위에서 만연체가 문제가 된다면, 글의 단위에서는 문단을 제대로 나누지 않을 경우가 문제가 됩니다. 하나의 글은 하나의 주제를 가지고 있는 여러 개의 문단으로 구성되어 하나의 메시지를 전합니다. 각 문단에서 말하고자 하는 바가 논리적으로 연결되었을 때 메시지가 효과적으로 전달되는 것입니다. 그런데 문단이 정확히 나누어져 있지 않으면 읽는 사람은 각 문단들이 어떤 주제를 가지고 있으며, 글에서 어떤 역할을 하고 있는지 파악하기 어렵기 때문에 글을 이해하기가 쉽지 않습니다.

요양원 봉사활동을 통해 사회의 버팀목인 복지제도에 대해 깊이 생각하게 되는 계기가 되었습니다. 식사를 도와드리거나 청소를 하면서 한 가지 공통점을 발견할 수 있었는데 바로 요양원에 계시는 분들이 그다지 행복해 보이지 않는다는 것이었습니다. 그분들은 물질적인 도움보다는 사람과 사람 사이를 이어주는 대화를 좋아했습니다. 대화를 하면서 느낀 점은 요양원에 있는 분들은 요양원 생활을 행복하게 느끼지 않았다는 것입니다. 어떤 분은 가족이 버린 지도 모르고 가족을 기다리며 하소연을 하시기도 하였습니다. 21세기 고령화사회를 지나 고령사회로 접어드는 이 시기가 심각한 사회 문제라고 생각합니다. 고령사회로 접어드는 이 시기에 어떻게 하면 더 나은 복지제도를 고안할 수 있을지 그들의 입장에서 고민하려고 노력하였습니다. 고민한 결과 돈이나 시설과 같은 물질적인 후원이 아니라 사람과 사람 사이의 온정을 느낄 수 있도록 하는 정신적인 봉사가 필요함을 느꼈습니다. 이를 위해 봉사인력도 심리치료사나 상담사와 같은 전문인력 확충이 필요하며 그들을 인증하는 제도의 보완이 필요하다고 느꼈습니다.

문단 나누는 것에 익숙하지 않은 사람들은 위의 예시글을 읽으며 문단을 나눌 필요가 없다고 생각할 수 있습니다. 하지만 위의 사례는 요양원 봉사활동을 했던 경험과 그 경험으로부터 자신이 느끼고 다짐한 점으로 내용을 크게 둘로 구분할 수 있습니다. 따라서 '21세기 고령화 사회를 지나~'로 시작되는 문장부터 문단을 나누어 두 개의 문단으로 구성해야 합니다. 그렇게 하면 '하나의 문단에는 하나의 주제가 있다'라는 글쓰기 원칙을 지킬 수 있으며 읽는 사람도 쉽게 이해하고 글을 읽어나갈 수 있습니다.

4장

1번에서 4번까지 문항별
예시 및 첨삭 포인트

이 장에서 우리는 위에서 작성했던 내용을 바탕으로 효과적으로 작성된 자기소개서들의 예시들을 항목에 따라 살펴볼 것입니다. 자기 소개서는 지원하고자 하는 대학, 학과에 따라 다르게 평가될 수 있으므로 정답이라는 것이 존재하지 않습니다. 게다가 많은 평가 주체(대학교)들은 학생들의 자기소개서와 학생부 기록, 그리고 선생님의 의견까지 모두 감안하여 종합적인 평가를 하기 때문에, 똑같은 글이라 하더라도 다른 평가를 받게 될 가능성도 있습니다.

여기에서는 각 예시글에서 어떤 점이 잘 서술된 부분인지 언급하고, 더 보완했으면 하는 부분 역시 이야기할 것입니다. 이 장에서 주어진 예시들은 실제로 입시에서 자기소개서를 통해 좋은 성과를 얻은 학생들의 자기소개서를 그들의 동의 아래 각색한 것입니다. 전체적으로 모두 완벽한 글은 아니지만, 좋은 평가를 받을 수 있는 여지가 충분한 것들을 가려 뽑았습니다.

문항 1번 : 고교 재학 기간 중 학업에 기울인 노력과 학습 경험 (1,000자 이내)

첫 번째 항목은 본인이 학교에 다니면서 학업에 기울였던 노력과 학습 경험을 작성하는 문항입니다. 앞서 알아보았던 것처럼 단순히 어떤 과목을 공부했는지에 대해 쓰는 것이 아니라, 자신의 문제를 발견하고 해결하는 자세를 보여주는 것이 좋습니다. 나아가 자신이 얻은 깨달음이 미래의 자신에게 어떤 영향을 줄 수 있을지에 대해서도 적는다면 더 좋겠습니다.

__ 예시 1

저의 별명은 '튼튼한 허리'입니다. 왜냐하면, 저는 학교에서 앉아 있는 시간보다 서 있는 시간이 더 많기 때문입니다. 고등학교에 갓 입학했을 때는 중학교 때와 생활방식이 달라서인지 수업시간에 졸음이 오는 시간이 많았습니다. 처음에는 시간이 지나면 괜찮아질 줄 알았습니다. 하지만 시간이 지날수록 수업시간에 조는 것이 익숙해져버렸습니다.

수업시간에 조는 것은 공부하는 학생의 올바른 자세가 아니라고 생각하였습니다. 그래서 저는 졸음이 쏟아지는 시간을 찾아 문제를 개선하기 위해 '졸음체크 표'라는 것을 만들었습니다. 졸음체크 표를 일주일 정도 실행한 결과, 제가 특정 과목 시간에 졸고 있다는 사실을 발견했습니다. 제가 특히 조는 시간은 수학 시간이었습니다. 수업 자체에 흥미가 없다 보니 수업시간에 집중하지 않았고 그러다 보니 수업 내용을 이해하지 못했습니다. 복습하고자 했지만, 역시 쉽지 않았습니다. 결과적으로 수업 내용을 이해하지 못한 채 시험을 보니 성적 역시 좋지 않아 더욱 수학에 대한 흥미를 잃게 되었습니다. 왜 수업시간에 졸게 되었는지 알게 된 저는 수학에 대한 흥미를 키워야 했습니다. 그리고 그 방법으로 주어진 수업에 성실히 참여하는 것이 필수적이었습니다. 그 때문에 졸음을 쫓기 위해 수학 시간마다 서서 수업을 들었습니다. 그렇게 졸지 않고 수업을 듣고 복습을 한 결과 수업 내용이 이해가 되고 수업에 흥미가 생기게 되었습니다. 수업에 대한 흥미가 높아져 학기 말에는 앉아서도 수업을 졸지 않고 들을 수 있게 되었고 성적도 향상되었습니다.

저는 위와 같은 경험을 통해 두 가지 큰 사실을 깨달을 수 있었습니다. 우선 어떤 일을 하는 데 있어서 흥미가 얼마나 중요한 것인지 알게 되었습니다. 이제는 제가 흥미를 느끼고 참여하는 일들은 잘 해낼 수 있다는 자신감을 느끼고 있습니다. 또한, 자신의 문제 상황을 객관적으로 판단하고, 능동적으로 고쳐나가게 되었습니다. 이런 자세를 토대로 주어진 문제 상황을 고치기 위해 무슨 일이든 일단 시도해보는 마음가짐을 가지고 있습니다.

총평

본인의 경험에 대한 느낀 점이 풍부한 글은 아닙니다. 일반적으로 좋은 자기소개서를 위한 설명들을 보면 느낀 점과 본인의 경험을 1:1의 비율로 작성할 것을 권합니다. 그렇지만, 이 글의 경우 좋은 평가를 받을 수 있었습니다. 왜냐하면 본인의 경험이 스스로 결정하여 실행한 일들로 능동적으로 이루어졌으므로, 경험에 대한 서술이라고 해도 단순히 자신이 겪은 일만을 나타내는 것이 아니기 때문입니다. 이렇듯 본인의 경험을 작성할 때 주어진 상황만을 나열하는 것보다 그 당시 본인이 어떤 생각을 했고, 어떤 가치관을 바탕으로 판단하고 행동했는지 적는다면 훨씬 생생한 글을 작성하여 좋은 평가를 받을 수 있습니다. 이 학생은 선생님이 되는 것이 꿈이기 때문에, 본인이 느낀 점을 발전시켜서 장래희망인 선생님과 연관 지을 수 있었다면 더 좋았을 것입니다.

잘 쓴 점!
- ✓ 자신의 경험에 대해 매우 구체적으로 서술
- ✓ 경험으로부터 배운 점을 구체적으로 서술

보완할 점!
- ✓ 느낀 점의 깊이가 다소 부족
- ✓ 미래, 혹은 꿈과 연관 짓는 노력 부족

7살 때 영어 연극 〈콩쥐 팥쥐〉를 공연할 때 실수를 했었습니다. 그 이후로 영어에 대한 막연한 두려움을 갖고 있었습니다. 그 때문에 영어에 대한 흥미가 별로 없었습니다. 좌절도 하고 포기할까도 생각했지만 저는 '공부는 즐기면서 해야 된다' 라는 말을 떠올리며 저만의 영어 학습 방법을 연구하고 실천해보았습니다. 이런 생각을 바탕으로 저만의 단어장을 만들었고 그 과정에서 평소 그림 그리는 것을 좋아한 저는 그림과 영어를 융합해 최대한 재미있게 배우고자 했습니다. 단어를 보고 연상되는 이미지를 그리면서 단어를 외웠고 가끔 어려운 단어가 나오면 그 어원을 찾아보면서 어원과 관련된 이야기를 생각해 짧은 만화로 그리기도 했습니다. 이런 방식으로 영어에 흥미를 느끼며 학습을 하다 보니, 영어 어휘력뿐만 아니라 구문과 문법 실력도 오르기 시작했습니다. 나아가, 어렸을 적의 두려움을 극복하기 위해 교내 말하기 대회에도 도전하였습니다. 그림이라는 좋아하는 소재로 대본을 쓴 후 발표할 때의 상황을 상상해보며 영어 구전동화를 들어보는 등의 노력을 했고 금상을 받는 값진 결과를 얻었습니다.

영어 공부를 통한 경험에서 '노력하는 자는 즐기는 자를 이기지 못한다' 라는 말을 절실히 체감할 수 있었습니다. 즐겁지 않은 공부는 그 깊이에 한계가 있을 수밖에 없다는 것 역시 알게 되었습니다. 비단 공부뿐 아니라, 노력을 해야 하는 많은 일은 그것을 즐기는 것 역시 중요하다는 사실을 알게 되었습니다. 또한, 시간이 지나 대학과 사회에서 겪을 어려움을 즐거움이 가진 힘을 통해 극복할 수 있다고 믿게 되었습니다. 제가 두려움 없이 즐거운 공부를 할 수 있었던 것은 자신의 결정에 대해 잘 해낼 수 있다는 굳은 믿음을 가지고 있었기 때문이었습니다. 결과적으로 자기 자신을 믿는 긍정적인 태도가 큰 역할을 했다고 생각합니다. 이후 저는 다른 어려움에 부딪힐 때 자신의 한계를 규정하는 것이 아니라, 그 상황을 이겨낼 수 있다는 자신감을 통해 즐기는 방법을 연구하고 실천하면서 문제를 해결하게 되었습니다.

총평

느낀 점을 풍부하게 작성한 글입니다. 본인의 경험을 집약적으로 잘 설명하였습니다. 어떤 생각을 가지고 무슨 노력을 했는지 구체적으로 적으면서도 큰 분량을 차지하지 않도록 하였습니다. 본인이 결과적으로 어떤 가시적인 성과를 얻을 수 있었는지에 대해서도 서술했습니다. 상당히 흔한 경험이라, '이런 것도 자기소개서에 쓸 수 있어?'라고 생각하는 학생들이 많을 것입니다. 하지만 여기서 볼 수 있듯이 중요한 것은 본인의 경험을 스스로 어떻게 느끼는지, 그리고 어떤 것을 얻었는지입니다. 본인의 경험에 대해 깊이 생각해보는 태도가 중요합니다. 위 글과 같이 학내 활동이지만 생활기록부에 올라가지 않은 성과의 경우 자기소개서에서 드러내는 것이 성과를 어필하는 하나의 방법이 될 수 있습니다. 느낀 점에 대해 서술하는 부분이 다른 학생들보다 그 분량이 많으며, 자신이 경험한 일을 풍부하게 감상하고 있습니다. 본인이 진학하고자 하는 학과와도 연관 지어 한 문장 정도 언급했다면 더 좋았을 것이라 생각합니다.

잘 쓴 점!

  ✓ 느낀 점을 풍부하게 서술

  ✓ 본인의 노력과 성과, 깨달음을 자세히 서술

보완할 점!

  ✓ 미래, 혹은 꿈과 연관 짓는 노력 부족

문항 2번 : **고교 재학 기간 중 의미를 두고 노력한 교내 활동 3가지** (1,500자 이내)

두 번째 문항의 경우, 본인이 고등학교를 다니면서 중요하게 생각했던, 혹은 돌이켜볼 때 중요하다고 느껴지는 활동을 최대 세 가지까지 서술하는 항목입니다. 실제로 많은 학생들이 세 가지 경험을 쓰고 이에 해당하는 느낀 점으로 글을 구성하곤 합니다. 꼭 세 가지 경험을 써야 하는지에 대한 질문하는 경우가 많은데, 세 가지 경험을 쓰면 세 가지 깨달음을 통해 자신을 드러낼 수 있기 때문에 일반적으로 세 개의 경험을 쓸 것을 추천합니다. 글을 구성하는 데 있어 각 경험 간의 일관된 흐름이 존재한다면 첫 번째 항목처럼 이어서 작성하고, 각 경험이 완전히 독립적이라면 번호를 붙여가면서 나누어 써도 괜찮습니다. 이 두 가지에 대한 예시를 각각 살펴보도록 하겠습니다.

① 제2회 서울청소년 문화캠프

1학년 여름방학, 아직 어떤 작가가 되고 싶은지 확실히 정해지지 않은 시기에 직접 대본을 쓰고 그 대본으로 배우들과 연출가들이 합심해서 단편영화를 만든다는 활동에 관심이 생겨 캠프에 참가했습니다. ***, ○○○ 작가님에게 극본을 쓰는 법을 배우고, 같은 꿈을 가진 친구들과 극본을 써보며 작가에 대한 꿈이 더욱더 확실해졌습니다. 창작에도 고통이 따르지만, 자신이 쓴 대사들이 배우 입에서 나오는 것을 보는 것은 글을 쓰면서 느꼈던 고통이 모두 다 잊힐 정도로 신기하고 뿌듯하다는 말씀들에 설레었습니다. 완성된 극본으로 배역을 정하고, 감독 역할을 맡은 친구와 원하는 연출들을 의논하며 작가가 영화 제작에 얼마나 많은 영향을 미치는지를 직접 알게 되는 계기가 되었습니다. 캠프 마지막 날 모두의 힘을 합쳐 만들어진 영화가 발표될 때는 작가님들이 말씀하셨던 기분을 느꼈습니다. 훌륭한 작가가 되어 서울 대중문화캠프에 학생의 신분으로 참가하는 것이 아닌 강사의 신분으로 참가해 작가를 꿈꾸는 친구들에게 힘을 주고 싶다는 생각이 들었습니다.

② 비전 맵 대회

〈버킷리스트〉라는 영화를 보고 나도 죽기 전에 하고 싶은 목록을 작성해보고 싶다는 생각이 들어 교내에서 열린 비전 맵 대회에 참가했습니다. 어떤 대학교에 갈 것이라는 짧은 꿈이 아닌, 평생을 어떻게 보내야 할지의 계획을 적었습니다. 문예창작학과에 들어가 글쓰기 실력을 기르고 작품들을 배운 후에 방송국에 들어가 드라마작가가 되고, 30대에는 세계여행, 40대에는 대학초청강의를 하는 등의 내용을 적어 수상하여 전교생 앞에서 꿈을 발표했습니다. 전교생이 모두 나를 주목

하고 있다는 것과 사람들 앞에서 꿈을 발표하고 있다는 사실에 떨렸지만, 마음속에 있던 꿈을 직접 입 밖으로 내보내면서 목표를 꼭 이루어야겠다는 다짐을 하게 되는 좋은 계기가 되었습니다. 글만이 전부가 아닌, 행동으로 비전 맵에 쓰인 길들을 하나씩 걸으며 이루어나가야겠다는 의지를 다졌습니다.

③ 교지 제작

1학년 때 교지 편집부장으로 활동하는 선배가 리더십을 발휘하며 교지를 만드는 모습을 보고 편집부장이 되고 싶다는 생각을 해서 2학년 말 편집부장을 모집하는 공고를 보고 신청했습니다. 항상 재미있는 일만 생길 줄 알았지만, 교지에 실을 모든 글을 적고, 다양한 글감들을 창작하며 선생님에게 확인을 받는 과정에서 몸도 마음도 힘들어 도중에는 포기하고 싶은 생각이 몇 번이나 들었습니다. 하지만 깔끔히 완성하자는 생각으로 포기하지 않았고, 교지에 실리는 친구들의 글을 다시 읽고 첨삭하며 좀 더 매끄럽게 글을 쓸 수 있는 실력이 향상되었습니다. 싫은 일을 미루는 친구들과의 갈등을 해결하는 과정에서 배려심, 리더십이 생기며 소통의 중요성을 알게 되었습니다. 그렇게 겨울방학이 끝난 후 교지가 출간되어 뒷장의 편집부장 란에 제 이름이 새겨진 것을 보았을 때는 뿌듯했습니다. 해보지 않은 일이 있을 때라도 두려워하지 않고 실천할 수 있는 용기를 북돋게 한 경험이었습니다.

총평

세 가지 교내 활동을 각각 나누어 작성하면서도 일관성 있는 메시지를 전달하고 있는 좋은 글입니다. 문화캠프, 비전 맵 대회, 그리고 교지 제작이 전부 다른 활동이고, 또 각각 다른 느낀 점들을 가지고 있지만 결국 각 경험이 문예 창작이라는 학생의 꿈과 자연스럽게 연결됩니다. 특히 두 번째 활동의 경우 자신이 어떤 활동을 했는지, 그 활동에서 어떤 것을 얻을 수 있는지 쓰는 가운데 지원자의 꿈에 대한 이야기까지 작성했기 때문에 효과적인 자기소개서라고 할 수 있습니다. 세 가지 경험을 작성할 때는 각 에피소드에 할당할 수 있는 분량이 적기 때문에, 경험에 대해 느낀 점을 풍부하게 쓰는 것이 어려울 수 있습니다. 따라서 더욱 적극적으로 자신이 느낀 점에 대해 짧지만 확실하게 드러내는 것이 좋습니다.

잘 쓴 점!
✓ 본인의 꿈과 연관 지어 서술
✓ 세 가지 경험 간의 연관성

보완할 점!
✓ 느낀 점 없이 사건만 나열되어 있음

___ **예시 2**

1학년 때 교내 과학 축제인 과학한마당에 참여, 부스를 운영하며 포기하지 않는 것의 중요성을 느꼈습니다. 저희 조는 형광 팔찌 만들기를 주제로 열성적으로 조사

했지만, 학교의 예산 부족으로 중간에 그 주제를 포기해야 했습니다. 지친 몇몇 팀원은 행사 참여를 포기하려 했지만, 저와 한 친구가 팀원들을 설득하여 스피커 만들기라는 새로운 주제로 참여할 수 있었습니다. 다른 조에 비해 시간이 부족했지만, 선생님의 도움으로 빠르게 자료정리를 하고 늦게까지 남아 안내판을 작성하여 성공적으로 부스를 운영할 수 있었습니다. 만약 포기했다면, 두 번째 주제에 관한 지식은 물론 즐겁게 실험하는 학생들을 보는 보람도 얻을 수 없었을 것입니다. 어려운 상황에서도 포기하지 않은 저희가 자랑스러웠습니다.

농구 스포츠클럽 Ab를 직접 개설하고 운영하며 리더십의 의미를 다시 생각할 수 있었습니다. 평소 농구에 관심이 많던 저는 친구들과 Ab를 만들었고, 제가 회장을 맡게 되었습니다. 자발적으로 동아리를 만들고 운영하는 것은 신선하고 즐거운 경험이었지만, 순조롭지는 않았습니다. 활동 내용, 시간, 중심 가치 등 모든 것을 저희끼리 결정해야 했고, 끝나지 않는 회의에 처음에는 장으로서 Ab를 제 생각대로 이끌어가려 했습니다. 하지만 모두가 Ab를 아끼고 운영에 참여하고 싶어 한다는 것을 알았고, '앞보다 뒤에서 함께하는 리더가 되자'고 생각했습니다. 제 생각을 고집하기보다는 기존 동아리의 활동을 참고하고 부원들의 의견을 융합하여 Ab만의 새로운 체계를 세워나갔습니다. 또, 농구장을 청소하고 기구를 관리하는 등 자질구레한 일을 맡아 하며 원활한 활동이 이루어질 수 있도록 최선을 다하였습니다. 마침내 안정되어 잘 성장한 Ab의 첫 경기를 응원할 때의 감격은 지금도 잊을 수가 없습니다. Ab를 운영하며 새로운 조직을 정착시키는 힘든 과정에서 리더가 지녀야 할 인내심과 봉사심을 배울 수 있었고, 성공적으로 목표를 달성했을 때 비할 수 없는 보람을 느낄 수 있었습니다.

교육봉사를 하고 싶은 마음에 교내 수학 멘토 활동에 자원했던 것도 기억에 남습니다. 처음에는 스펀지처럼 흡수하는 멘티, 뿌듯해 하며 함께 성장하는 저를 꿈꿨는데, 막상 해보니 생각과 달랐습니다. 멘티였던 친구는 중학교 수준의 내용부터 설명이 필요했고, 이해하지 못한 내용은 몇 번이고 설명해주어야 했습니다. 생각만큼 원활한 수업이 되지 못했고, 저는 이상과 현실이 얼마나 다른지 깨달았습니다. 하지만 현실을 회피하지는 않았습니다. 저는 끝까지 기초를 바로잡아주려고 노력했고, 멘티 친구도 숙제와 복습을 열심히 하며 잘 따라와주었습니다. 지속적인 노력은 이상에 가까운 결과를 내었습니다. 멘티 친구는 개념이 쌓이면서 어느 순간 수학 성적이 크게 향상되었고, 저도 막연히 알고 있던 개념을 정확히 알게 되었으며 타인에게 도움이 될 수 있다는 것에 큰 보람을 느꼈습니다. 저는 이때 이상은 현실과 다를 수 있지만, 현실에서 끝없이 노력한다면 이상과 같은 결과를 얻을 수 있다는 것을 느낄 수 있었습니다.

총평

부드럽게 잘 서술한 글입니다. 대부분 학생들의 초고(처음으로 작성한 글)는 그 표현이 거칠고 공식적인 문서로 쓰기에 적합하지 않은 경우가 자주 있습니다. 글의 표현이나 어법 같은 것을 지속적으로 고쳐나가면 위와 같이 읽기 좋은 글을 만들 수 있습니다.

자기소개서는 그 사람을 대신하는 서류이기 때문에, 읽는 사람들은 그 글을 통해 그 사람에 대한 첫인상을 가지게 됩니다. 부드럽고 잘 읽히는 글일수록 내용에서 더 좋은 평가를 받을 확률이 높고, 자기소개서를 여러 차례 퇴고했다는 인상을 주기도 하기 때문에 본인의 글을 꼼꼼히 살펴보아야 합니다. 위의 예시글에 쓰인 경험들은 일반적으로도 많이 사용하는 주제들이지만, 본인의 경험을 간결하게 쓰고 느낀 점을 구체적으로 잘 작성했기 때문에 좋은 평가를 받을 수 있었습니다.

잘 쓴 점!
- ✓ 읽기 좋게 부드럽게 서술
- ✓ 경험은 간결하게, 느낀 점은 구체적으로 잘 작성

보완할 점!
- ✓ 미래, 혹은 꿈과 연관 짓는 노력 부족

문항 3번 : **학교생활 중 배려, 나눔, 협력 등을 실천한 사례와 느낀 점** (1,000자 이내)

학생들이 글을 작성하는 데 있어서 많은 어려움을 겪는 문항입니다. 자신이 특별한 경험을 가지고 있지 않기 때문에 소재를 선정하기 힘들다고 느끼곤 합니다. 뿐만 아니라, 선정한 소재를 얼마나 자세히 서술해야 하는지, 어떤 느낀 점을 써야 하는지 곤란해 하는 경우가 많습니다. 앞에서 살펴본 것처럼 3번 항목은 본인의 감상이 어떤 문항보다도 중요합니다. 경험에 대해 구체적이지만 최대한 간결하게 쓰고, 자신이 해당 사례를 통해 느낀 점은 무엇인지, 경험하기 전과 후에 어떻게 달라졌는지, 본인의 달라진 모습이 미래에 어떤 영향을 끼칠 것이라 예상하는지 등 다각도로 본인의 경험을 되새기고 평가하는 노력이 필요합니다. 두 번째 문항과 마찬가지로 경험 별로 항목을 나누어 써도 괜찮습니다.

예시 1

우리 학교의 3개의 과학 동아리가 연합하여 매년 과학의 날을 기념하여 교내 과학의 날 행사를 준비하여 개최합니다. 관찰 동아리 회장으로서 내부적으로는 회원들과 함께 우리 동아리 특성에 맞는 프로그램을 기획하고, 사전 실험을 통하여 진행에 문제가 없는지 확인하고 완벽히 프로그램을 준비하는 역할을 맡았으며, 동아리 외부적으로는 3개의 과학 동아리에서 제안한 프로그램이 조화를 이루어 전체 학생들이 과학에 대해 더 이해하는 행사가 되도록 진행하는 역할을 맡았습니다. 그러나 처음에는 우리 동아리 대부분의 회원이 적극적으로 참여하지 않아 동아리 내 프로그램을 준비하는 것조차 순조롭지 않았습니다. 이에 저는 준비 진행을 잠시 멈추고 동아리 회원들에게 다 같이 해야 할 일과, 각자 해야 할 일을 나누어 책임감을 느끼도록 해야 한다고 생각했습니다. 전체 동아리 회의를 하여 준비 과정에서 우리가 해야 할 일들과 세부적인 사항을 회원들과 정리하는 시간을 가진 후에 각 준비 항목에 대해 담당자를 신청받았습니다. 결과적으로 전체 회원들이 적극적으로 필요한 항목을 빠짐없이 준비할 수 있게 되었습니다. 저는 동아리 모임에서도 우리 동아리에서 시행한 비슷한 방법으로 적극적으로 일을 분담하여 행사가 원만히 진행될 수 있도록 하였으며, 결과적으로 모든 동아리가 각자 역할을 잘 수행하여 개최자들뿐만 아니라 전체 학생들에게 뜻깊은 행사를 진행할 수 있었습니다. 저는 이 행사를 통해, 여러 사람이 함께하는 일은 혼자서 잘하는 것보다는 업무 분배를 어떻게 하는 것이 중요하며, 또한 해야 할 일을 누가 정해주는 것보다는 스스로 정할 때 더 적극적으로 참여한다는 것을 느꼈습니다. 또한, 리더는 본인이 잘하는 것도 중요하지만 다른 사람이 일을 잘하도록 도와주고 잘했을 때 격려해주는 것이 무엇보다 중요함을 느낀 소중한 경험이었습니다. 이런 경험을 바탕으로 저는 구성원들 각자가 자기 일에 대해 주인의식을 가지고 일할 수 있도록 동기부여를 하는 리더가 되고 싶다는 꿈을 가지게 되었습니다.

총평

본인이 경험했던 일에 대해 자세히 쓰고, 그를 통해 깨달은 점을 심도 있게 작성한 글입니다. 많은 학생들이 느낀 점의 비율이 얼마나 되어야 하는지, 혹은 자신의 경험을 어느 정도 자세히 적어야 하는지 어려워하곤 합니다. 이것은 답이 정해져 있는 것은 아니며 또한 두 내용 간의 비율이 중요한 것 역시 아닙니다. 가장 중요한 것은 본인의 경험과 느낀 점을 '어떻게' 적는가입니다. 이번 예시의 경우 본인이 경험한 바를 세부적이지만 상당히 구체적으로 작성했습니다. 어떤 일에 대한 본인의 생각의 흐름을 적는 것은 자신의 경험을 서술할 때 효과적인 방법입니다. 자신에게 일어났던 일들만을 서술하면 읽는 사람은 지루해지며 자신과 상관없는 이야기를 듣는다는 느낌을 받습니다. 하지만 주어진 일에 대해서 어떻게 판단했는지, 결과적으로 구체적으로 어떤 문제 상황을 자신의 생각대로 해결했는지 적는다면 평가하는 사람의 입장에서 훨씬 더 공감할 수 있는 글을 쓸 수 있습니다. 세 번째 문단인 느낀 점 부분도 자신이 느낀 바를 구체적으로 작성하고, 이이 미래의 자신의 모습에 끼친 영향까지 잘 작성하였습니다.

잘 쓴 점!

✓ 심도 있게 본인이 깨달은 바를 서술

✓ 깨달음을 바탕으로 본인의 미래에 대해 서술

보완할 점!

✓ 본인이 겪은 일에 대한 비중이 높음

✓ 미래 계획(리더)에 대한 구체적인 배경이나 서술이 추상적

예시 2

1학년 때 반별 합창대회에서 지휘자를 맡아 유연하게 갈등을 관리하는 것을 배울 수 있었습니다. 지휘자로서 반 친구들을 이끌며 가장 어려웠던 것은 선곡이었습니다. 선곡 목록을 작성해야 하는데, 반 친구들은 적극적으로 의견을 제시하지 않았습니다. 처음에는 친구들이 합창대회에 관심이 없는 것 같아 서운했지만, 곰곰이 생각해보니 많은 사람 앞에서 의견을 발표하는 것이 쉬운 일은 아니라는 생각이 들었습니다. 그래서 인원을 세 부분으로 나누어 선곡을 부탁했고, 인원수가 적어지자 친구들이 더 적극적으로 의견을 제시하여 성공적으로 선곡할 수 있었습니다. 부분별 연습과 각 부분의 조화를 이루는 과정, 지휘자와 피아노의 곡 해석 등에서 매 순간 어려움이 있었으나 친구들의 의견을 존중하고 때론 이끌어내면서 합창대회를 열심히 준비했습니다. 갈등을 해결하는 방법이 한 가지만 있는 것이 아니고, 상대방의 입장에서 생각하며 유연하게 사고한다면 갈등을 쉽게 해결할 수 있음을 알 수 있었습니다.

또 한 가지 기억나는 일은 물리 시간 때 조별 발표를 하며 배려의 중요성을 배운 것입니다. 저희 조가 맡은 부분은 교과 내용 중 특수 상대성 이론을 프레지(prezi)로 재구성하여 발표하는 것이었습니다. 저희 조는 세 명이었는데, 다른 두 친구는 물리를 어려워했고 발표 준비를 난감해 했습니다. 그래서 저는 교과서 내용을 쉽게 정리한 프린트를 나눠주며 두 친구를 참여시키기 위해 노력하였습니다. 한 친구가 모르는 부분을 저에게 물어보며 함께 발표 준비를 해나가자 다른 친구도 자극을 받았는지 발표 준비에 열성을 보이면서, 저희 조는 무사히 발표를 끝낼 수 있었습니다. 사실 처음에는 친구들이 과제를 수행하기 어려울 것이라는 선입견을 품고 있었는데, 적극적으로 참여하는 친구들을 보면서 제 편견과 자만심에 부끄러움을 느꼈습니다. 주어진 과제에 대한 지식이나 경험을 공유하며 약간의 도움이나 배려가 있다면 모두 함께 목표를 이룰 수 있다는 것을 배울 수 있었습니다.

총평

각 문단마다 다른 경험을 서술하였고, 총 두 가지 경험에 대해 작성하였습니다. 각 경험이 대한 서술, 다시 말해 첫 번째 문단과 두 번째 문단을 비교해서 살펴보는 것이 글을 읽는 학생 여러분께 도움이 될 것 같습니다. 첫 번째 문단의 경우, 문제 파악−해결 방안 도출−실천 및 결과로 이어지는 탄탄한 구성을 가지고 있습니다. 각 요소들이 설득력을 가지기 위해서는 문제 파악의 경우 본인의 생각이 명확히 드러나는 것이 중요합니다. 본인이 왜 주어진 상황이 문제라고 여겼는지, 특히 어떤 부분이 부족하거나 결핍되어 생긴 상황인지 서술하는 것이 중요한데, 위의 글에서는 잘 서술하고 있습니다. 두 번째로 해결 방안을 도출하는 부분에서는 문제 상황에 대한 주인의식을 가지고 적극적으로 문제를 해결하려는 모습을 보여주는 것이 중요합니다. 어떤 해결 방안을 생각했고, 그렇게 생각한 이유가 무엇인지 구체적으로 써야 합니다. 마지막으로 실천 및 결과에 대해선 최대한 간결하되, 본인이 만들어낸 변화를 구체적으로(수치 변화 등) 서술하면 좋습니다. 반면 위 예시글의 두 번째 문단의 경우에는 좋은 구성을 가진 자기소개서라고 보기 어렵습니다. 본인이 실천한 가치가 '배려'라고 했는데, 학생의 행동이 '배려'로부터 시작되었다는 점이 큰 공감을 얻을 수 없습니다. 또한 '배려'에 대한 문제를 해결하고 나서 얻은 가치관이 '편견과 자만심'을 없애야겠다고 이어지는 구성도 개연성이 떨어집니다. 본인이 겪은 일에 대한 감상이 풍부하지 못해서 많은 사람에게 잘 전달되지 않는 글이라고 할 수 있습니다.

잘 쓴 점!

✓ 경험으로부터 느낀 점, 계획으로 이어지는 탄탄한 구성

✓ 글에서 느낄 수 있는 적극성

보완할 점!

✓ 두 번째 문단의 구성이 빈약

✓ 깨달음까지의 개연성이 떨어지는 문제

문항 4번 : **대학별 자율 문항**(가정 환경, 학업 계획, 학과 지원 동기,

독서 경험 등) (1,000자 혹은 1,500자 이내, 대학이 자율적으로 선택)

자율문항의 경우 대학마다, 그리고 같은 대학이라고 하더라도 전형마다 다른 문항을 요구할 수 있습니다. 대교협에서 정한 세 가지 기본 문항 이외에 대학이 자율적으로 구성하는 것이기 때문에, 대학이 가장 학생들에게 던지고 싶은 질문이라고 할 수 있습니다. 때문에 학생들은 자율문항이 있는 경우 자신이 왜 지원하고자 하는 대학에 잘 어울리는지, 왜 그 학과에 진학하고 싶은지 등을 어필할 수 있으며 본인의 지원 동기를 가장 적극적으로 드러낼 수 있는 항목이기도 합니다. 이 항목을 작성할 때는 반드시 각 대학이 어떤 의도를 가지고 학생들을 선발하는지, 본인이 지원하는 전형이 어떤 특성을 가지는 학생을 선발하고자 하는지 철저히 알아볼 필요가 있습니다.

__ **예시 1 (고등학교 재학기간 중 진로 선택을 위해 노력한 과정 또는 개인적인 어려움이나 좌**

절을 극복한 과정을 사례를 들어 구체적으로 기술해주시기 바랍니다. 1,000자 이내)

어렸을 때부터 부모님께서 경제적 문제로 힘들어하시는 것을 보며, 돈이 곧 행복

이라는 가치관이 일찍부터 형성되었습니다. 그래서 고등학생이 된 후, 고소득 직

종인 회계사를 장래희망으로 정했습니다. 그렇게 자연스럽게 경제에 관심을 가지

면서, 한국의 부의 편중 현상이 심각하다는 것을 알게 되었습니다. 평범한 사람들

의 노력의 산물을 상당 부분 대기업이 빼앗아간다는 것을 알게 되면서, 부모님께

서 걱정하실 정도로 사회에 대한 분노가 급격히 커졌습니다. 그 모습을 지켜보시

던 2학년 때 담임선생님께서 어느 날, '행동 없는 불만만으로는 사회를 바꿀 수 없

다'라고 하시며 저를 호되게 꾸짖으셨습니다. 그 이후 저는 자신을 되돌아보는 시

간을 가졌습니다. 정말로 저는 사회를 욕할 줄만 알았지, 이를 개선해보겠다는 생

각을 해본 적은 없었습니다. 이렇게 사회의 문제점을 아는데, 돈을 많이 벌고 싶다

고 회계사를 진로로 선택해 현실을 외면하는 것은 옳지 않다고 생각했습니다. 이

후 제가 어떻게 한국의 경제민주화에 이바지할 수 있는가를 고민했고, 담임선생님

과 상담을 하면서 다양한 방법이 있음을 알게 되었습니다. 물론, 시민단체에 들어

가 정부에 지속적인 요구를 하거나, 학자의 길을 걸으며 완벽한 이론적 배경을 쌓

는 것도 싫지는 않았습니다. 하지만 그보다는 처음부터 경제부처에 들어가서 실무

와 부딪혀보고 싶었고, 이 때문에 공직자가 가장 매력적으로 다가왔습니다. 공직

사회에 만연한 부패가 공직자로서 소신을 펴는 데 걸림돌이 되지 않겠냐는 생각이

들기도 했습니다. 하지만 올해 터진 각종 사고로 공직자의 청렴에 대한 인식이 강

화되고 있고, 깨끗한 공직자가 되고 싶은 사람들이 저 말고도 많을 것으로 생각해,

기획재정부 공무원이 되겠다는 목표를 굳혔습니다. 그렇게 준비된 인재가 되기 위

해, **대학교 경제학부에 진학하여 열정을 뒷받침할 폭넓은 지식을 배우고 싶습니다. 특히, 한국 경제론을 열심히 들으면서 한국 경제의 문제가 무엇인지 구체적으로 배우고, 이를 어떻게 해결할 수 있을지를 고민해보고 싶습니다.

총평

'배경(동기)-사건-깨달음-꿈'의 순서로 구성된 짜임새 있는 글입니다. 자신의 깨달음과 더불어 본인의 생각과 꿈을 명확하게 드러냈습니다. 또한 자신이 변화하게 된 계기가 무엇인지, 변화 전과 후에 구체적으로 어떤 생각과 자세를 가지게 되었는지에 대해서도 잘 서술하였습니다. 이에 추가적으로 본인의 꿈과 진학하고자 하는 학과와의 연관까지 보여준 일반적으로 잘 쓴 자기소개서라고 할 수 있습니다. 그러나 자신의 이야기를 상당히 구체적으로 서술했기 때문에, 어떤 사람이 평가하는가에 따라 다른 점수를 받을 수 있는 가능성이 있습니다. 하지만 누가 보아도 본인이 직접 경험하고, 본인의 생각으로 글을 썼다는 것을 느낄 수 있다는 점은 고무적입니다. 본인의 경험을 길게 구체적으로 작성한 것에 비해 앞으로의 계획이 다소 일반적이고 깊이가 떨어진다는 문제를 가지고 있습니다. 진실성이 돋보이나, 앞선 문단의 길이를 줄이고, 미래 계획에 대해 더욱 구체적으로 작성하면 더 좋은 평가를 받을 수 있습니다.

잘 쓴 점!

　　✓ 짜임새 있는 구성

　　✓ 진실성이 돋보이는 글

보완할 점!

　　✓ 본인의 경험을 서술한 부분이 대부분

　　✓ 본인의 미래 계획에 대한 깊이가 부족

___ **예시 2 [지원자의 교육환경(가족, 학교, 지역 등)이 성장과정에 미친 영향과 지원학과에 지원한 동기, 입학 후 학업(진로)계획에 대해 기술하세요. 1,500자 이내]**

저는 농촌 지역에서 태어났고 중학교까지 생활 대부분을 농촌에서 보냈습니다. 농번기와 추수철이 되면 서로 일손을 돕는 농촌공동체 속에서 자연스럽게 남을 배려하는 자세를 배웠습니다. 아버지께서는 웃어른을 존중하라고 가르치시며 매년 설날이 되면 마을 어르신께 세배를 드리셨고 항상 저를 데려가셨습니다. 이런 환경에서 저는 항상 남을 배려하는 습관을 자연스레 형성했고, 예절을 중요하게 생각하며 살아왔습니다. 또한, 나 혼자만을 위해서가 아니라 많은 사람에게 이로운 삶을 살기로 다짐했습니다. 고등학교에 입학해서는 다른 사람에게 도움이 될 수 있는 직업을 갖기로 마음먹었습니다.

저는 경제신문을 꾸준히 읽다가 세계 경제가 침체되어 있을 때 양적 완화정책이 단지 구두 발언만으로도 엄청난 영향을 미치는 것을 보며 흥미를 느꼈고, 경제 분야에서 다른 사람을 위한 일을 하면 생활에 실질적으로 도움을 줄 수 있겠다는 생각을 했습니다. 처음에는 경제기자가 되고 싶었는데, 양적 완화와 같은 경제 정책을 직접 연구하면서 더 많은 사람이 피부로 느낄 수 있는 혜택을 주고 싶어서 경제 정책 연구원이 되기로 마음먹었습니다. 그렇게 경제학과로의 진학 또한 자연스레 결심했습니다. 저는 ○○대학교가 학문과 현실의 소통, 더 나은 세계를 위한 공적 실천을 중시한다는 점에 감명을 받았습니다. 후마니타스 칼리지에서 우리가 사는 세계를 배우면서 현대사회에서 우리가 무엇을 할 수 있는지를 심도 있게 고민해보고 '사회, 공동체, 국가, 시장'이라는 배분이수 교과에서 다양한 서적을 통해 경제를 배울 수 있다는 사실을 알고 매력을 느꼈습니다. 공적 실천을 중시하는 ○○대학교는 제 학문적 나눔을 실천하기 위한 장이라고 생각했습니다.

경제학과에 진학하면 모든 응용과목에 기초가 되는 경제원론 학습에 주력할 것입니다. 미시경제와 거시경제 수업을 통해 현대의 기초적인 경제 이론을 체계적으로 배우고 싶습니다. 또한, 경제 정책 결정에 토대가 되는 경제학자들의 이론을 폭넓게 배우기 위해 경제사 과목에도 집중할 것입니다. 경제정책 수립에 꼭 필요한 경제정책론 과목에서는 경제정책의 기본적 이론과 그의 응용, 구체적 사례까지 자세히 알고 싶습니다. 경제는 대외여건에도 영향을 많이 받으므로 주요국의 통화 정책과 재정 정책을 중심으로 국제 경제 또한 심도 있게 배우고 싶습니다. 이론적인 토대를 다진 뒤에는 경제 연구소에서 정책을 연구하고 개발할 것입니다. 저는 인터넷 강의를 듣던 중 IMF 사태에 대한 설명을 들은 적이 있습니다. 우리 경제가 초고금리 기조와 잘못된 외환보유 정책으로 인해 대량 해고와 기업부도 등의 문제를 겪고 그 여파가 지금까지도 남아 있는 사실에 안타까움이 너무도 컸습니다. 이러한 경제적 위기를 방지하기 위한 올바른 환율 정책에 대해 깊이 고민하고, 적정 환율 유지 방안을 제시하고 싶습니다. 또한, 과세구간과 세율을 세분화하고 조세 저항을 줄이면서 최대한 형평성을 보장하는 조세 정책을 연구하고, 재정난을 겪고 있는 국민연금에 대해서도 정책적인 대안을 모색하고 싶습니다.

총평

4번 항목의 경우 몇몇 학생들은 질문의 의도를 전혀 파악하지 못하고, 문항에서 요구하는 것과 전혀 다른 주제의 글을 작성하곤 합니다. 본 문항의 경우, 상당히 구체적으로 어떤 항목들을 써야 하는지 제시했기 때문에, 이에 맞추어 글을 구성하는 것이 일반적으로 가장 좋습니다. 위의 글 역시 문항에서 제시한 순서대로 '교육환경—지원 동기—미래 계획'의 3단 구성으로 작성되었습니다. 각 문단의 비율이 매우 이상적입니다. 첫 번째 문단인 교육환경에 대해서 너무 많은 공간을 할애할 필요가 없습니다. 구체적이면서 짧게, 본인이 (대학과 연관된) 어떤 구체적인 생각을 가지고 있는지, 그게 가정의 교육환경과 어떤 영향이 있었는지를 위의 글처럼 작성하면 됩니다. 더 중요한 부분은 역시 두 번째, 세 번째 문단의 내용입니다. 대학의 입장에서 각 학생들이 왜 이 대학, 학과에 진학하였는지 구체적으로 알 수 있는 부분이기 때문에, 학생들의 어필과 대학의 평가가 모두 여기서 이루어진다고 할 수 있습니다. 두 번째 문단에서 학생은 자신이 지원하는 대학이 어떤 인재상을 원하고 있고, 또한 그 대학이 내세우는 가장 대표적인 사상이 무엇인지에 대해서 명확하게 이해하고 있습니다. 결과적으로 본인과 지원하는 대학이 가장 잘 어울리고 서로에게 필요하다는 주장을 하는 것이 가장 좋습니다. 세 번째 문단은 더 구체적으로 지원하는 학과와 관련하여, 어떤 학업 계획을 가지고 있는지 작성하였습니다. 짧은 미래를 보고 어떻게 대학에서 공부할 것인지에 대해 작성해도 되고, 더 먼 미래를 보고 진학한 학과와 관련된 본인의 꿈에 대한 이야기로 작성해도 좋습니다. 중요한 것은 위의 예시처럼 매우 구체적이고 명확해야 한다는 것입니다. 일반적인 단어들로 일반적인 이야기만 쓰면, 읽는 사람은 그 학생의 열정을 느낄 수 없기 때문입니다. 세 번째 문단을 준비할 때는 본인이 진학하고자 하는 학과에서 어떤 것을 배우는지, 혹은 졸업 후에 어떤 일을 하는지, 그리고 본인의 꿈은 무엇인지에 대해 심도 깊게 생각해보아야 합니다.

잘 쓴 점!
✓ 탄탄한 구성의 짜임새 있는 글
✓ 구체적이고 명확한 표현

자주 틀리는 맞춤법,
이렇게 고쳐라!

자주 틀리는 맞춤법 예시와 해결방법

__ 주술 호응

가장 쉽게 실수할 수 있는 것이 주술호응입니다. 주술호응이란 한 문장 안에서 주어와 서술어를 일치시키는 것을 말합니다. 많은 학생들이 한 문장을 길게 서술하면서 처음 시작했던 주어와 마지막에 위치한 서술어를 일치시키지 못하는 경향을 보입니다. 주술호응을 쉽게 확인할 수 있는 방법은 '은·는·이·가'가 붙는 주어와 '~다'로 끝나는 서술어를 바로 연결해보는 것입니다. 예시글을 보면서 함께 생각해봅시다.

1　이렇게 하는 것은 주말마다 지역아동센터에서 초등학생을 대상으로 교육봉사를 할 때 따로 준비하지 않아도 연습이 저절로 되었습니다.

'이렇게 하는 것은 ~ 연습이 저절로 되었습니다'라는 문장에서 주어와 술어가 매끄럽게 이어지지 않습니다. '~하는 것은' 등의 사물주어는 영어권에서 자주 쓰는 표현입니다. 사람을 주어로 하여 문장을 작성하면 더욱 자연스럽게 주어와 술어를 연결할 수 있습니다.

> **ex** 이러한 학습 방식을 통해, 저는 지역아동센터에서 초등학생을 대상으로 교육봉사를 할 때 따로 준비하지 않아도 될 만큼 좋은 연습경험을 얻었습니다.

2 그러나 안타까웠던 것은 발표 실패의 원인을 남의 탓으로 돌리면서 모두가 큰 실망감을 느끼게 됩니다.

주어가 '안타까웠던 것은'이므로 서술어도 '~한 점이다, ~라는 사실이다, ~한 것이다' 등으로 끝나야 자연스럽게 주술호응이 이루어집니다.

> **ex** 그러나 안타까웠던 것은 발표 실패의 원인을 남의 탓으로 돌리면서 모두가 큰 실망감을 느끼게 되었다는 점입니다.

3 니코틴에 대해 더욱 관심을 가지고 조사하게 되었습니다. 니코틴은 폐에서 기원한 악성 종양인 폐암을 걸릴 수도 있습니다.

병에 걸리는 것은 사람이고, 니코틴은 폐암을 걸리게 하는 원인입니다. '니코틴은'이라는 주어와 '걸릴 수도 있습니다'라는 술어가 매끄럽게 연결되지 않습니다.

> **ex** 니코틴에 대해 더욱 관심을 가지고 조사하게 되었습니다. 니코틴은 폐에서 기원한 악성 종양인 폐암에 걸리게 할 수도 있습니다.

__ 너무 긴 문장

한 문장을 너무 길게 서술하면 읽는 이가 집중하기 힘들어지고, 글을 쓰는 사람도 전달하고자 하는 바를 정확하게 전달할 수 없습니다. 글자수가 제한되어 있는 자기소개서에서 일기처럼 구구절절 내용을 나열하는 것은 반드시 피해야 할 것 중 하나입니다.

> **1** 또, 저의 꿈이 매번 새로운 사람을 만나 친근하게 다가가야 하는 것과는 반대로 낯을 가리는 성격 때문에 낯선 사람을 만나는 것을 무서워했던 저는 봉사활동을 통해 새로운 아이들을 만나면서 낯 가렸던 성격을 많이 고치고, 보다 허물없이 다가갈 수 있게 되었습니다.

낯을 가리는 성격이었지만, 봉사활동을 통해 본인의 성격을 고칠 수 있었다는 내용만 정확하게 전달하면 됩니다. 낯을 가리는 성격 때문에 낯선 사람을 무서워했다던가, 낯 가렸던 성격을 많이 고치고 허물없이 다가가게 되었다는 것은 어감이 다를 뿐 같은 말입니다. 아래와 같이 고쳐봅시다.

> ex 매번 새로운 사람을 만나 친근하게 대화를 나눠야 하는 저의 장래희망과 달리 저는 낯가림이 심한 학생이었습니다. 그러나 봉사활동을 하면서 새로운 아이들을 많이 만나게 되었고, 저는 사람들에게 허물없이 다가가는 법을 배우게 되었습니다.

2 직접 만나 대화하는 것보다는 불편하고 신속성이 떨어지지만 함께 없을 때에도 소통할 수 있는 스마트폰 메신저를 중심으로 시간이 맞을 때마다 몇 명이든 만나 이야기를 구성해서 메신저 단체 방에 올려 같이 있지 못한 친구들에게 알렸습니다.

직접 만나 대화하는 것보다 불편하고 신속성이 떨어진다는 사실을 언급할 필요는 없습니다. 시간을 맞추기 어려운 친구들을 위해 메신저를 이용했다고 서술해도 되겠죠? 간결하고 명료하게 써봅시다.

> ex 직접 만날 수 없는 상황에서는 스마트폰 메신저를 중심으로 시간이 맞는 사람끼리 모여 회의를 하고, 오지 못한 친구들에게는 메신저를 통해 회의내용을 전달해주었습니다.

3 경제과목을 공부하면서 제가 느낀 건 그래프들을 본 후 좌표축을 잘 파악하여 그래프를 분석하고 이해하는 능력이 가장 중요하다는 것이었고 이러한 면이 수학과 유사하였고, 또한 수학에 관심이 많았기에 수학에 가장 초점을 두고 공부를 해

나갔습니다.

여러 문장을 이어 붙이면서 문장이 다소 복잡해졌습니다. 간단한 여러 문장으로 나누거나 필요 없는 부분을 삭제해준다면 훨씬 간결한 문장을 만들 수 있습니다.

ex 경제과목을 공부하면서 제가 느낀 건 그래프를 분석하고 이해하는 능력이 가장 중요하다는 것이었습니다. 이러한 면이 수학과 비슷하다고 생각했고, 수학에 관심이 많던 저는 수학에 더욱 초점을 두고 공부해나갔습니다.

__ 어색한 병렬구조

'~하고 ~했습니다'로 이어지는 병렬구조에서 앞뒤에서 말하는 대상이 일치하지 않는 경우가 있습니다. '저는 그림 그리는 것을 좋아하고 노래하기를 좋아합니다'라는 문장과 '저는 그림 그리는 것을 좋아하고 노래합니다'라는 문장을 대조해봅시다. 첫 문장과 두 번째 문장의 차이를 알 수 있겠죠? 위와 같이 앞뒤로 문장구조를 맞춰주어야 어색하지 않습니다.

1 즉각적으로 교과서를 보고 답을 찾을 수 있는 문제들이 아닌 깊게 생각하고 다양한 이야기들을 주고받아야만 문제를 해결할 수 있었기 때문에 때론 답이 미궁 속에 빠질 때도 있었습니다.

'문제들이 아닌' '문제를 해결할 수 있었기 때문에'와 같이 말하고 있는 대상들이 일치하지 않습니다. 이러한 문제가 아니라 저러한 문제였기 때문에 미궁 속에 빠지기도 했다는 서술이 더 자연스럽습니다.

> **ex** 즉각적으로 교과서를 보고 답을 찾을 수 있는 문제들이 아닌 깊게 생각하고 다양한 이야기들을 주고받아야만 해결할 수 있는 문제들이었기 때문에 때론 답이 미궁 속에 빠질 때도 있었습니다.

__ 과도한 접속사의 사용

문장과 문장을 이어주는 접속사는 가끔씩만 활용하는 것이 좋습니다. 너무 자주 사용하면 문장의 호흡이 짧아져 읽는 이로 하여금 집중력을 떨어뜨리게 하기 쉽습니다.

1 그래서 항상 식사 시간이 부족했습니다. 그렇게 항상 바쁘게 밥을 먹었습니다. 그러다 보니 가기 전날 취사장을 보니 너무 더러운 것이었습니다. 그래서 담임선생님께서 사람은 머물었던 자리가 깨끗해야 한다며 저보고 자원하는 아이들과 함께 취사장을 청소하라고 하셨습니다.

'그래서, 그렇게, 그러다 보니' 등 너무 많은 접속사를 사용하고 있습니다. 문장을 합쳐 접속사의 사용을 줄여준다면 문장을 더 깔끔하게 만들 수 있습니다.

항상 식사 시간이 부족했고, 저희는 항상 바쁘게 밥을 먹었습니다. 그러다 보니 쉽게 취사장이 더러워졌고, 선생님께서는 지원자를 받아 청소를 시키셨습니다.

2 그렇게 의미 없고 의지가 없는 1학년을 보냈습니다. 그렇게 2학년이 된 저는 반장에 출마하게 되었습니다. 평소 쾌활한 성격 덕분인지 저는 2학년 3반의 반장이 될 수 있었습니다. 그렇게 2학년 3반의 대표가 되어서 이끌어나가보니 자신의 반을 이끄는 것은 힘들지만 매우 보람찬 일이라는 것을 알게 되었습니다.

'그렇게'가 너무 자주 등장하고 있습니다. 짧은 문장의 경우 두 문장을 합쳐 접속사의 사용을 줄여주거나 아예 다른 접속사를 사용하는 것이 좋습니다.

ex 그렇게 의미 없고 의지가 없는 1학년을 보냈습니다. 2학년이 된 후, 스스로에게 변화를 주기 위해 반장 직에 출마했고 평소 쾌활한 성격 덕분에 반장에 당선될 수 있었습니다. 반장이 되어 반을 이끌다 보니 대표가 된다는 것은 힘들지만 매우 보람찬 일이라는 것을 알게 되었습니다.

3 그러나 저는 머리로는 잘 알고 있었지만 마음은 그게 아니었습니다.

'그러나', '~지만'의 사용으로 부정이 두 번 중복됩니다.

ex 그러나 저는 머리로만 알고 있었을 뿐 마음속 깊이 공감하지는 못했습니다.

__ 표현의 중복 (~했고, ~했고, ~했고)

비슷한 서술어가 반복되면 글이 전체적으로 어색해 보입니다. 아래 문장들을 보면서 함께 고쳐봅시다.

1 덕분에 점차 학년이 높아지며 학업에 집중하게 되며 흥미보다는 성적으로써 역사를 받아들이고 있던 제가 다시금 잊고 있던 역사에 대한 열정을 불태우며 도서도 접하고, 영상물도 접해가며 전보다 더욱 수월하게 지식을 습득해나갈 수 있었습니다.

'~하며'라는 서술어가 너무 자주 쓰이고 있습니다. 서술어를 조금씩 바꾸어 자연스러운 문장들로 만들어줍시다.

> **ex** 덕분에 학년이 높아지면서 학업에 집중할 수 있게 되었고, 흥미보다는 성적으로 역사를 받아들이고 있던 저는 역사 관련 도서나 영상물을 접해가며 전보다 더욱 수월하게 지식을 습득해나갈 수 있었습니다.

2 그 후 전교회장에 출마하게 되었습니다. 반장 부반장도 해보지 못한 소심한 제가 과연 할 수 있을까 걱정이 되었고 많은 고민 끝에 결국 선거에 출마하게 되었습니다.

'출마하게 되었습니다'라는 서술이 앞 문장과 중복되고 있습니다.

뒷문장의 서술어를 바꿔줍시다.

ex 반장 부반장도 해보지 못한 소심한 제가 과연 할 수 있을지 걱정이 되었지만, 많은 고민 끝에 선거에 출마했습니다.

__ 필수 요소의 생략

주어나 목적어 등 꼭 있어야 하는 요소가 생략되어 정확한 의미 전달이 되지 않고, 문장이 어색해지는 경우가 있습니다. 아래 문장들을 보면서 함께 생각해봅시다.

1 1학년, 처음으로 도보 참배를 하고 국립묘지에 도착했을 땐 제게 큰 충격으로 다가왔습니다.

도착했을 때 무엇이 충격으로 다가왔는지가 서술되어야 합니다.

ex 1학년, 처음으로 도보참배를 하고 국립묘지에 도착했을 때 본 광경은 제게 큰 충격으로 다가왔습니다.

2 솔직히 입학했을 때는 정말 적응이 되지 않았습니다. 왜냐면 중학교 때에는 7시 반쯤 일어나는 게 습관이었는데 자는 시간이 적어지고 일어나면 바로 몸으로 활동하는 행동을 해야 해서 정말 힘들었습니다.

누가 힘들었는지 주어가 나타나 있지 않습니다.

> **ex** 솔직히 입학했을 때는 정말 적응이 되지 않았습니다. 중학교 때부터 7시 반쯤 일어나는 것이 습관이었던 저에게, 줄어든 취침시간과 일어나자마자 해야 하는 신체적 활동들은 소화하기 힘든 일들이었습니다.

__ 적절하지 않은 단어의 사용

긍정적인 맥락에서 부정적인 단어를 사용하거나, 부정적인 맥락에서 긍정적인 단어를 사용하는 것은 글을 어색하게 보이도록 합니다. 단어를 사용하기 전, 앞뒤 맥락을 살펴보고 신중하게 단어를 고르는 것이 좋습니다. 또한 정확한 뜻을 가진 단어를 사용하여 추상적인 표현을 줄이는 것도 중요합니다.

1 또한 아이들의 환심을 살 수 있는 일러스트 프로그램과 피아노, 기타와 같은 악기 연습을 꾸준하게 하면서 실력을 차근차근 키워나갈 것입니다.

'환심을 살 수 있는'이라는 말보다는 '관심을 끌 수 있는'이나 '흥미를 유발시킬 수 있는'이라는 말이 더 적합합니다.

2 덕분에 점차 학년이 높아지며 학업에 집착하게 되었습니다.

'집착'이라는 단어보다는 '집중'하게 되었다는 표현이 더 적절합니다.

3 이러한 가치창출의 활동으로 사람들에게 옷의 깊이를 알려주고 옷이 자연에 끼치는 피해도 줄일 수 있을 거라 생각했습니다.

'옷의 깊이'라는 말과 '옷이 자연에 끼치는 피해'라는 말이 어색합니다. '옷이 지닌 의미와 역할의 깊은 소중함', '헌 옷을 마구 버림으로써 야기되는 자연 피해' 등으로 바꾼다면 보다 정확한 의미를 전달할 수 있습니다.

Part 4

내 손에서
시작되는
자기소개서
7단계 전략

전략 1 : **과거의 나와 현재의 나를 분석하라**

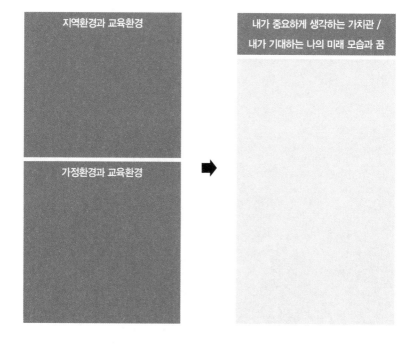

자기소개서를 쓰기 전 브레인스토밍을 먼저 해보겠습니다. 지금 여러분의 모습을 만든 것은 지나온 과거입니다. 우선 자라온 환경이 어땠는지 생각해보지요. 지역환경은 어떤 특징을 가지고 있었고 그로 인해서 교육환경은 어떻게 이루어졌는지, 가정환경은 어떠했고 무엇을 중요하게 여기도록 교육받고 자랐는지 돌이켜보세요. 이렇게 여러 가지 환경을 고려해서 자신은 현재 어떤 가치관을 중요하다고 생각하고 있나 적어봅시다. 또한 이 가치관이 반영된 나의 미래는 어떠했으면 좋겠는지까지도 파악해보는 것이 중요합니다. 여기서의 핵심은 여러분을 둘러싼 여러 가지 환경과 스스로의 가치관을 연결하는 시도를 하는 것입니다.

앞의 문항 분석에서 보았듯이 이것은 4번 항목에서 지원자의 환경을 서술하는 데 도움이 되는 브레인스토밍이라고 할 수 있겠습니다. 4번 항목이 없는 대학교에 지원하는 경우라고 하더라도 이러한 시도는 자기소개서를 깊이 있고 풍부하게 만들어주는 역할을 할 수 있습니다.

길게 서술하기가 어렵다면 키워드를 먼저 떠올려봅시다. 지역환경의 특징을 나타내는 키워드의 예로는 농어촌, 대도시, 잦은 이사, 이웃들과의 어울림, 추운 지역 등이 있을 수 있습니다. 작은 특징이라고 해도 스스로의 가치관을 형성하거나 미래를 계획하는 데 도움이 되었다면 잊지 말고 적어둡시다.

잘하는 것			좋아하는 것		
①	②	...	①	②	...
What?			What?		
How?			Why?		
Result			Result		

　이번에는 본인이 잘하는 것과 좋아하는 것을 정리해봅시다. 잘하는
것을 먼저 살펴보겠습니다. 우선 무엇을 잘하는지 생각해보고, 어떤 과
정을 거쳐서 잘하게 되었는지 돌이켜보세요. 처음부터 잘했을 수도 있
고, 부단한 연습과 노력 끝에 잘하게 된 것도 있겠지요. 또한 그러한 결
과로 어떤 성과를 얻었는지도 생각해봅시다. 상을 받았다거나 학급 임
원을 하게 되었다거나 남들의 칭찬과 인정을 받았을 수도 있을 것입니
다. 눈에 보이는 물건을 만들었거나 그것을 활용해 누군가를 도와주었
을 수도 있습니다. 자유롭게 적어보세요.

　다음으로는 좋아하는 것을 생각해보겠습니다. 무엇을 좋아하는지
생각해보고 그것이 왜 좋은지에 대해 고민해봅시다. 어떤 경우에는 이

유 없이 그냥 좋을 수도 있고, 어떤 일이나 사람이 특별한 계기가 되어서 좋아하기 시작했을 수도 있습니다. 본인의 가치관과 연결해서도 생각해봅시다. 그래서 좋은 것만으로 그치고 있는지, 혹은 무언가를 좋아하기 때문에 어떤 특별한 활동을 하는 것으로 이어지고 있는지도 함께 정리해봅시다. 블로그를 운영하거나 동호회 활동을 할 수도 있고, 주기적으로 같은 활동을 반복할 수도 있으며 관련된 영화나 드라마를 찾아서 볼 수도 있지요.

평소에는 스스로 좋아한다거나 잘한다는 의식을 하지 않고 행하던 일이었지만 이렇게 정리하면 나의 선택과 행동에는 작지만 분명한 이유들이 존재하는구나 하고 깨닫게 될 것입니다. 또 좋아하는 것과 잘하는 것이 같은 사람도 있을 거예요. 좋아해서 계속 반복하다 보니 어느새 잘하게 되었을 수도 있고, 잘하는 것을 인정받고 칭찬받다가 좋아하게 되었을 수도 있거든요. 같은 내용을 적어도 좋습니다. 그만큼 그것에 대해 확신을 가질 수 있고 자신감이 있다는 뜻이니까요.

전략 2 : SWOT으로 성공 전략을 짜라

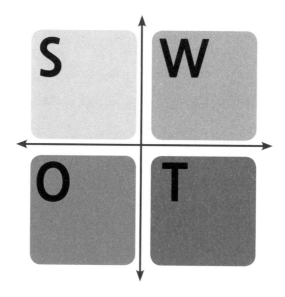

이번에는 자신의 학습방법과 인성적 측면을 분석해봅시다. 위의 표를 보면 S, W, O, T 의 네 가지 알파벳이 나와 있지요? 각각 Strength(강점), Weakness(약점), Opportunity(기회), Threat(위협)의 앞 글자입니다. 이것은 줄여서 'SWOT(스왓)분석'이라고 불리는 방법으로, 사실 이렇게 분석하는 기법은 회사에서 경영에 필요한 전략을 수립하기 위해 환경을 파악하는 방법입니다. 이 방법을 약간 변형시켜 자기소개서 쓰기를 앞둔 우리 학생들에게 적용해보겠습니다.

여기서의 강점(Strength)이란 다른 사람에 비해 내가 더 많이 가지고 있는 특성을 말합니다. 남들보다 뛰어나야 한다는 이야기라기보다는 자신의 장점이 여기에 해당된다고 볼 수 있겠습니다. 약점(Weakness)이란 나에게 좀 부족한 점을 의미합니다. 스스로 생각하는 단점을 적으면 되겠습니다. 이 두 가지는 자신의 내부적인 특성과 관련해서 답을 찾아야 합니다.

이와 반대로 다음의 두 가지는 외부의 환경과 관련된 요소들이라고 생각하면 됩니다. 기회(Opportunity)란 자신에게 유리하게 작용하는, 외부로부터 주어진 기회를 의미합니다. 위협(Threat)은 자신에게 불리하게 작용하는 환경으로 자신의 행동과 관계없이 찾아온 좋지 않은 상황이라고 할 수 있습니다.

이제 이 표를 활용하여 자신의 학습에 관한 분석을 해보면 1번 문항을 준비하기에 좀 더 수월할 수 있습니다. 이 분석표를 실제로 자신의 학습경험을 기술하는 항목인 1번 문항에 적용하는 방법은 뒤에서 말씀드리겠습니다.

SWOT 분석표 중 S와 W 부분에는 단순히 과목 이름만을 적는 것이 아니라 '암기력이 좋다/나쁘다', '이해력이 빠르다/느리다', '집중력이 오래 간다/짧다', '공부를 할 때 인내심이 길다/약하다', '계획을 잘 세우고 실천한다/실천하지 못한다' 등을 쓸 수 있습니다. 가능하다면 이유나 계기를 간단하게 메모해두는 것도 나중을 위해 좋습니다.

O와 T에 적을 수 있는 예시들은 다음과 같은 것들이 있겠습니다. O에는 '선배나 주변 사람 등 학습과정에서 도움을 받을 기회가 많다'거나 '공부할 수 있는 환경이 잘 마련되어 있다', '방과 후 활동 시간을 잘 활용할 수 있다', '교실이 조용하고 항상 학습 분위기가 형성되어 있다', '학교 차원에서 지원해주는 프로그램에 참여할 수 있다' 등이 있겠네요. 그렇다면 T는 그 반대겠지요? '집안 사정이 어려워 아르바이트를 하느라 공부할 시간이 많지 않다', '학교와 집의 거리가 멀어 통학시간이 오래 걸린다', '공부하고 싶지만 주변에 도움을 청할 사람이 별로 없다' 등이 되겠습니다.

다음은 인성적 측면에 관한 분석입니다. 다른 사람들로부터 자주 들었던 말을 생각해볼 수도 있지만, 스스로 판단하는 자신의 모습을 적는 것이 가장 좋습니다. 이 분석은 모든 문항에 유용하지만 특히 3번 문항에서 잘 쓰일 수 있습니다.

S와 W 부분에서는 성격의 장점과 단점에 대해 서술해봅시다. '다른 사람들의 이야기를 잘 들어준다', '설득력 있게 말할 수 있다', '신중

하다', '약속을 잘 지킨다', '거짓말을 하지 않는다', '다양한 사람들의 특성을 잘 이해한다', '리더십이 있다' 등 훨씬 많은 항목을 쓸 수 있겠지요. 여기에서는 자신의 성격적인 강점을 부끄러워하지 말고 당당하게 적는 태도가 중요합니다. 약점을 쓸 때는 그 극복 방안이 무엇일지 고민하면서 함께 적어봅니다.

O와 T에서는 내 인성에 도움이 되는 환경과 위협이 되는 환경에 대해서 고민해보는 시간을 가져야 합니다. '부모님이 소통을 중요하게 생각하셔서 자주 이야기를 나눈다', '갈등을 평화롭게 해결하고자 하는 친구들이 많다' 등이 인성적인 측면에 도움이 되는 환경 요인이 될 수 있겠지요. 반대로 '어떤 이야기를 해도 잘 들어주시지 않는 강압적인 부모님'이나 '사소한 것에도 화를 내는 친구들', '항상 문젯거리가 많은 주변환경' 등은 위협이라고 말할 수 있겠습니다.

지금까지 스스로를 돌아보는 분석을 해보았습니다. 이렇게 표를 만들고 적어보는 이유는 평소에 꼼꼼하게 사고하는 습관이 부족한 학생들이 대부분이기 때문입니다. 학생들도 평소에는 일상에 치이고 바쁘기 때문에 이렇게까지 종합적으로 고민해보기는 쉽지 않았겠지요. 자기소개서를 작성하기에 앞서 이렇게 다각도로 분석을 한다면 이제 깊이 있고 매력적인 자기소개서를 쓸 준비 1단계를 마친 셈입니다.

03

전략 3 : **지원 학과를 명확히 하라**

　여기 한 척의 배가 있다고 상상해봅시다. 사실 이 배가 갈 수 있는 곳은 그렇게 많지 않을지도 모릅니다. 배의 크기, 연료의 양, 싣고 있는 물건의 유통기한 등을 골고루 고려해서 목적지를 설정해야 합니다. 실은 목적지가 결정된 후에 배를 선택하고 연료를 채우고 물건을 싣기 마련이지만, 하고 싶은 이야기는 이렇게 다양한 조건을 고려한 목적지가 설정되지 않은 배는 망망대해를 건너 유의미한 곳에 도착하기가 어렵다는 것입니다. 결국 다양한 조건을 고려하는 것도 필요하고, 배가 방향을 잃지 않도록 정확하게 목적지를 설정하는 것도 중요하다고 할 수 있습니다. 자기소개서를 쓸 때에도 마찬가지입니다.

　먼저 자신의 성적을 포함해 좋아하는 것과 잘하는 것을 충분히 고려하여 학교와 학과를 선택하는 것이 매우 중요합니다. 앞서 자신의 환경을 돌아보고 좋아하는 것과 잘하는 것을 정리해보았습니다. 이를 통해 목표를 설정하는 탐색을 한 것입니다. 만약 이런 노력 없이 그저 주변 사람들의 권유로 대학에 지원한다면 그 자기소개서에는 합격하고 싶다는 의지가 드러나기 어렵습니다. 이렇게 분명한 목표를 드러내지 않은 두루뭉술한 자기소개서는 큰 매력이 없습니다.

게다가 학교마다, 학과마다 원하는 학생이 다른데 이를 잘 드러내지 않는 자기소개서도 높은 점수를 받을 수 없습니다. 자신과 어떤 측면이 잘 맞을지를 고려해 그 학교나 학과에 꼭 들어가고 싶다는 것을 글을 통해 알려야 하는 것이지요. 인재상과 관련된 정보는 마지막의 Special Page에 잘 정리되어 있으니 다시 한 번 참고하시기 바랍니다.

특히 4번 문항을 쓰도록 하는 학교들이 있습니다. 공통 문항에 추가 문항을 더하는 학교들은 적합한 학생만을 선발하고 싶다는 의지를 더 많이 드러낸 것이라고 이해하면 됩니다. 왜 다른 학생을 선발하는 것보다 나를 선택하는 것이 의미 있는 일인지, 스스로를 먼저 설득해보세요. 강한 자신감이 생겨야 이 자기소개서를 읽는 사람까지도 설득할 수 있습니다.

시간이 부족해서, 혹은 쓰기 귀찮아서 비슷비슷한 자기소개서를 복사하여 붙여넣기를 하는 것은 절대 안 됩니다. 의미 있는 자기소개서를 써야 합격 확률이 높아진다는 사실을 잊지 마세요. 흐지부지한 자기소개서는 결국 스스로에 대한 신뢰를 떨어뜨리는 결과만을 가져올 뿐입니다.

04

전략 4 : **학과의 모든 것을 수집하라**

	학교	학과	설명	인재상	주요교과	언론보도	진로
1							
2							
...							

　　대략 어떤 학교와 학과에 진학하고 싶은지 결정했다면 자료를 모아
봅시다. 특정 학교와 학과에 지원하면서 홈페이지 한 번 들어가보지 않
는 학생들이 많다는 사실은 매우 놀랍습니다. 위의 표는 다양한 정보
를 효과적으로 정리할 수 있도록 간략하게 만들어본 것입니다. 우선 해
당 학교 공식 홈페이지를 들어가면 다양한 정보를 확인할 수 있습니다.

학과 설명을 읽어보며 어떤 취지의 교육을 하고 있는지 살펴보세요. 학교가 바라는 인재상은 홈페이지에 있을 수도 있고 입시 요강에 나와 있을 수도 있습니다.

해당 학과 홈페이지에 들어가면 구체적으로 몇 학년 때 무슨 과목을 듣도록 권장하는지, 혹은 필수과목은 무엇인지 등이 나와 있습니다. 교과목에 대한 설명을 읽어보며 이해해도 좋고, 만약 설명이 없다면 과목 이름을 우선 적어두고 따로 찾아보도록 합시다. 언론 보도의 경우 학교가 최근 추구하는 학풍이나 교육 시스템을 알아볼 수 있어 좋습니다. 신문을 따로 오려두거나 링크를 기록해둡시다. 또 그 학교와 학과의 졸업생들은 향후 어떤 진로로 나아가는지, 관련 자격증은 무엇이 있는지도 기록해두면 자신의 미래를 그려보는 데 도움이 될 수 있습니다. 그것을 참고 삼아 자기소개서에 녹여낼 수도 있겠지요. 이 외에도 학교나 학과만의 특별한 점들이 있다면 잘 정리하여 숙지하도록 합니다.

직접적으로 경험한 사람의 이야기를 들을 때

가끔 주변에서 해당 학교나 학과를 직접 경험해본 사람을 만나는 경우가 있습니다. 강연을 들을 수 있는 기회가 생기기도 하지요. 이때 가장 중요한 것은 인터넷에서는 확인할 수 없는 실질적인 정보를 물어보는 것입니다. 인터넷에는 워낙 '~라고 하더라'라는 소문성 정보가 많아서 제대로 걸러낸 양질의 정보를 얻기 어려운 측면이 있기 때문입니다.

우선 어떠한 생각으로 그 학교나 학과를 선택했는지 물어봅니다. 그리고 그것이 잘 충족되고 있는지 확인해보면 좋겠지요. 직접 다녀보니 수업이나 분위기는 어떤지, 실제로 내부에서 어떤 인재를 강조하는지 알아볼 수 있을 것입니다. 자신이 예상하는 분위기를 얘기하면서 얼마나 잘 매치되는지도 물어보고, 얼마나 현실적인 예측인지도 평가해 달라고 부탁할 수 있습니다.

물론 그 사람의 개인적인 경험에 의한 주관적인 정보를 들을 가능성도 있지만, 그래도 직접 그 공간에서 맥락을 경험해본 사람의 이야기는 유익할 것입니다. 들은 조언을 자신만의 언어로 바꾸어 자기소개서에 녹여낸다면 특히 4번 문항 가운데 학업계획에 대한 부분이나 지원동기 부분에서 눈길을 사로잡을 수 있을 것입니다.

05

전략 5 : **생활기록부에서 나만의 소재를 찾아라**

자기소개서를 쓰기 전, 자신의 생활기록부를 확인해봅시다. 자기소개서를 쓰는 과정을 요리에 비유한다면 생활기록부를 보며 소재를 골라내는 것은 주재료를 준비하는 것이라고 생각할 수 있습니다. 자신이 미처 기억하지 못한 좋은 경험들이 많이 담겨 있을 수 있으니 항목별로 찬찬히 살펴보도록 합시다.

우선 '진로지도사항'에는 매년 선생님과 상담하면서 진로와 관련하여 나눈 이야기가 들어 있습니다. 진로 목표를 살펴보기에 좋은 항목이라 대학교에서도 주의 깊게 보는 것입니다. 따라서 이 항목에 충분히 쓰여 있지 않은 정보를 자기소개서에 보충하여 설명해주면 좋습니다. 특히 그 진로를 결정하게 된 계기를 충분히 설명하도록 합니다. 중간에 바뀌게 되었다면 그 이유도 함께 적어주는 게 좋습니다.

'창의적 체험활동 상황'은 자기소개서 주재료의 보물창고라고 할 수 있습니다. 만약 전공과 관련된 체험활동이 있다면 전공과 이 학생이 얼마나 적합한지 평가하는 기초자료로 쓰이겠지요. 전공과 관련되지 않은 활동이라도 괜찮습니다. 얼마나 자기주도성이 있는지, 다른 학생들과 어떻게 협력하는지, 인성은 어떻고 리더십은 어떻게 발휘하는지 등 그 학생의 다양한 역량을 평가할 수 있으니까요. 자신에게 중요하다고 생각하는 소재를 고르고 왜 중요한지 스스로에게 물어보세요. 훌륭한 자기소개서를 쓰는 밑바탕이 됩니다.

'독서활동'에 쓴 책을 보면 자신의 사고방식에 영향을 미친 부분이나 특별한 문구를 떠올릴 수 있습니다. 자기주도적 학습능력과 관심분야, 학문적 소양 등을 종합적으로 평가할 수 있는 훌륭한 자료이기 때문에 놓쳐서는 안 됩니다. 예전에 읽었던 책이라도 다시 한 번 펼쳐보고, 스스로에게 어떤 의미를 주었는지 메모해두시길 바랍니다.

'행동특성 및 종합의견'은 교사 추천서와 비슷한 역할을 하며, 타인이 바라보는 나에 대해 생각해보는 계기를 갖게 해줍니다. 내가 미처 생각하지 못했던 나의 장점이나 행동방식이 드러날 수도 있기 때문에 확인해보는 것이 좋습니다.

다양한 경험을 사용한다는 것은 그것을 통해 보여줄 수 있는 모습이 다양하다는 의미를 지니고 있습니다. 그러나 앞에서 얘기했듯이 소재 자체만으로 점수를 더 많이 받지는 않는다는 점을 상기하여 경험 그 자체만을 너무 중요시하지는 않았으면 합니다. 생활기록부에 드러나지 않는 풍부한 깨달음이 자기소개서를 더욱 빛나게 한다는 사실을 잊지 않도록 합시다.

	소재	중요한 이유	나의 역할	깨달은 점 & 배운 점	
				지식적 측면	삶의 지혜
1					
2					
...					

06

전략 6 : SWOT으로 소재를 풍부하게 만들어라

본인에게 중요한 경험이 있는데, 이유를 잘 설명하지 못하겠는 경우가 있을 것입니다. 배우고 깨달은 점도 막상 말로 표현하기에 왠지 막막할 수도 있지요. 그런 학생들을 위해서 몇 가지 방법을 알려드릴까 합니다. 앞에서 우리는 학습과 인성적 측면에서 SWOT 분석을 해보았습니다. 이를 바탕으로 특정 경험이 자신에게 주는 특별함을 생각해봅시다.

첫 번째는 S와 O를 연결하는 것으로 나의 강점과 외부의 기회요인을 연결시키는 방법입니다. 외부에서 기회가 주어질 때 적극적으로 나의 강점을 살릴 수 있고, 더욱 개발시켜 성장할 수 있는 원동력이 되어준다는 점을 어필할 수 있겠지요. 외부적 환경에 의한 도움을 얻은 경우 활용할 수 있습니다. 나의 강점이 더 빛을 발할 수 있는 맥락을 제시하여 미래의 내 모습까지 그려보는 자기소개서를 작성할 수도 있습니다.

다음은 S와 T를 연결하는 것으로 나의 강점과 외부의 위협 요인을 연결시키는 것입니다. 외부의 위협이 있었음에도 불구하고 내재된 강점을 활용해 어떻게 현명하게 문제를 해결할 수 있었는지 밝히는 방법입니다. 강점을 이야기하다 보면 자연스럽게 자신이 할 수 있었던 명확한 역할이 드러나게 됩니다. 또한 문제 상황을 풀어나가는 문제해결력과 잠재력을 동시에 드러낼 수 있지요.

소재 번호	전략	S / W	O / T	연결
1	S+O	S:	O:	
2				
...				

세 번째로는 W와 O를 연결하여 약점과 외부의 기회를 동시에 바라보는 것입니다. 외부의 기회 요인을 생각했을 때, 나의 약점을 아예 인정하고 깨끗하게 포기할 것인지, 아니면 외적 도움에 힘입어 스스로의 약점을 개선할 것인지 결정해야 하지요. 스스로의 약점을 알고 이를 개선하려는 태도는 상당히 좋은 점수를 받을 수 있습니다. 이 과정에서 지식이나 지혜가 늘어나는데, 이를 잘 포착해야 합니다.

마지막으로는 W와 T를 연결하는 것으로, 외부의 위협 요인을 막기 위해서 내부의 약점을 개선하는 방법입니다. 이때는 현실적으로 약점을 개선하기가 더 어려울 수 있습니다. 위협 요인이 마음에 큰 부담으로 작용할 것이기 때문이죠. 그렇다면 위협 요인이 왜 위협적으로 느껴지는지에 대해서부터 고민을 해보시기 바랍니다.

　　'위의 네 가지 방법 중 무엇을 선택할 것인가'가 '그 경험이 나에게 왜 중요한 의미를 가지는가'에 대해 생각할 기회를 줄 것입니다. 또한 두 가지를 연결시키는 과정에서 자신만의 특별한 깨달음을 발견할 수 있습니다. 그 깨달음을 현실에 적용하는 방법까지 고민한다면 확실히 다른 학생들과는 차별화되는 자기소개서를 작성할 수 있을 것입니다.

전략 7 : **치밀한 분석으로 자기소개서를 완성해라**

소재를 다 골랐으면 어떤 항목에 각 소재를 넣을 것인지 생각해봅시다. 가장 잘 어울리는 문항을 골라 배치해봅니다. 위의 표는 글을 전체적으로 바라보는 하나의 예시가 될 수 있습니다. 위의 표만 읽어보아도 중심 내용이 명확하고 그 흐름에 문제가 없다면 글을 잘 쓸 가능성이 매우 높아진 것입니다.

서론과 본론, 결론의 구성을 가질 때에는 그 하위 항목이 무엇이냐에 따라 분량을 나누어야 합니다. 배우고 느낀 점을 중점적으로 써야하는 문항의 경우 전체적인 글의 50~60% 정도를 할애하여 본인의 생각을 정리하도록 노력하시기 바랍니다. 그에 해당하는 가치관 키워드를 적어두면 개요를 짜는 데 도움이 될 것입니다. 특히 3번 문항의 경우에는 본인이 사용할 추상어와 개념어의 정의를 스스로 내려야 한다는 것을 잊지 말아야 합니다.

문항	소재	서론	본론	결론
1번 문항 (1,000자)				
2번 문항 (1,500자)	1			
	2			
	3			
3번 문항 (1,000자)				
4번 문항	1			
	2			

결국 종합해보면, 좋은 자기소개서는 스스로에 대한 분석과 진학하고자 하는 학과와 학교에 대한 관심이 합쳐져 구성된다고 이야기할 수 있습니다. 조금 번거롭게 느껴지더라도 앞에서 시도했던 여러 가지 노력들이 이루어질 때, 같은 경험이더라도 나를 조금 더 특별하게 보여주는 자기소개서를 완성할 수 있다는 것을 기억하기 바랍니다.

대학별 인재상 리스트

대학교별로 요구하는 인재상을 잘 알아야 맞춤형 자기소개서를 쓸 수 있겠지요? 남들보다 얼마나 더 정확히 알고 있느냐가 경쟁력이 되는 시대에서 자신이 가고 싶은 학교와 학과에 대한 정보를 알아보는 것은 필수적인 절차랍니다. 인재상을 찾기 힘들게 써놓은 학교부터 홈페이지 상단에 친절하게 명시해놓은 학교까지, 다양한 학교들이 있으므로 어떻게 하면 인재상을 빠르게 찾을 수 있는지 알아봅시다.

1. 한 가지가 아닌 다양한 검색 포털을 이용하자.
2. 가장 쉬운 방법으로, ○○대학교 인재상이라고 검색하고 반드시 블로그 등의 개인 홈페이지가 아닌 학교 공식 홈페이지에 들어간다.
3. 인재상에 대한 검색결과가 바로 나오지 않는다면 학교 홈페이지

로 들어가 대학 소개, 교육이념, 교육목표, 인재상 등을 찾아본다.

4. 대학소개란에 따로 명시되어 있지 않다면 입학 관련 홈페이지로 들어가 입학사정관제, 학생부종합전형 관련 정보를 찾아 인재상을 읽어본다.

5. 위 방법으로도 찾기 힘들다면 수시 모집과 관련된 문서들을 찾아 읽어본다.

다음은 지역별 대학들의 인재상을 정리해놓은 표입니다. 간단히 정리해놓은 것인 만큼 '반드시' 학교 공식 홈페이지를 통해 확인을 해야 합니다. 아래 내용보다 훨씬 자세한 내용을 담고 있으니 직접 찾으면서 가고 싶은 대학에 대해 더욱 무한한 애정을 가져보시기 바랍니다.

지역	대학	인재상
서울	가톨릭대	'인간 존중의 대학' 사랑, 진리, 봉사
	건국대	성 : 전인적 인격의 지성인 신 : 미래지향적 전문인 의 : 공동체 발전의 선도자
	경희대	네오르네상스 전형 : 글로벌 리더십을 갖춘 실천적 '세계인', 학문적 수월성과 실용적 전문성을 갖춘 '창조인', 인간과 자연 공동체의 조화를 모색하고 사유하는 '문화인'으로 성장할 잠재력을 갖춘 학생 고른기회 전형 (I, II) : 어려운 환경에도 굴하지 않고 역경을 극복하거나 사회공헌의 의미를 이해하고 평소 모범적으로 실천해온 학생

지역	대학	인재상
서울	경희대	지역균형 전형 : 수도권 지역을 제외한 지역에 소재란 고등학교에서 강한 학업의지를 가지고 학교생활을 모범적으로 수행하여 학교장이 추천한 학생 학교생활충실자 전형 : 학교 중심의 교과 및 비교과영역을 충실히 수행하고, 학교 활동 전반에 적극적이고 생활태도가 바른 학생 특성화고졸재직자 전형 : 특성화(전문계) 고교 교육과정을 이수한 졸업자 중 산업체에서 3년 이상 재직하고 있는 자로서 선취업 후진학의 전형취지에 따라 교육과정을 성실히 이수할 학생
	고려대	성실성 : 자아실현과 인격 함양을 위해 학업 및 학교생활 전반에 걸쳐 노력하는 인재 리더십 : 지속적인 리더 활동과 성찰을 통해 지도력을 가진 인재 공선사후정신 : 정의로운 가치관과 타인에 대한 배려심을 가지고 공동체에 참여하고 실천하는 인재 전공적합성 : 전공영역에 대한 열정과 국제적 이해와 교류능력을 지니고 자신의 변화 발전을 위해 노력하는 인재 창의성 : 지속적인 호기심과 탐구심, 비판적·창의적 사고력과 문제해결 능력을 지닌 창의적 인재
	국민대	실천하는 교양인 : 올바른 역사관과 윤리의식, 폭넓은 문화적 감성을 바탕으로 사회봉사에 앞장서는 인재 소통하는 협력인 : 공동체 의식을 바탕으로 대인관계에 필요한 협동심과 소통능력을 갖추어 누구라도 함께하고 싶어 하는 인재 앞서가는 미래인 : 자신에 대한 확고한 정체성과 도전정신, 글로벌 역량을 기반으로 끊임없이 미래를 개척하려는 인재 창의적인 전문인 : 풍부한 전공지식과 비판적 사고력의 창의적 융합을 통해 현실적 문제를 해결하고 새로운 가치를 창출할 수 있는 인재
	단국대	창의형 : 21세기 지식기반산업을 선도해나갈 잠재력이 풍부한 창의적 인재

지역	대학	인재상
서울	단국대	진취형 : 미래성장잠재력과 가능성을 가지고 진리를 사랑하며 이웃, 사회, 국가, 인류에 봉사하려는 진취적 인재 IT형, CT형, BT형 : 도전과 창조, IT/CT/BT 분야의 학업열정을 바탕으로 자기주도적 학습능력을 지닌 미래형 인재
	동국대	창조적 지식인 : 한국문화를 세계화하는 인재 진취적 지도자 : 고도기술사회에 부응하는 인재 도덕적 현대인 : 지혜와 자비를 겸비한 인재
	명지대	기독교 정신에 입각한 사랑, 진리, 봉사
	상명대	감동을 주는 혁신형 인재 전문지식 탐구역량 : 한 분야의 전문가가 되기 위해 전문적인 지식을 탐구하고 연마할 수 있는 훈련된 역량 다양성 종중 역량 : 다양성의 가치를 존중하면 자신과 다른 모든 사람을 배려하고 존중해주는 역량 융복합 역량 : 각각 분리되어 존재하는 자원의 정보를 창의적이면서도 효율적인 방법으로 융합하여 새로운 시너지를 창출할 수 있는 역량 윤리 실천 역량 : 자신이 소속된 다양한 사회와 영역에 관심을 가지며 민주 시민으로서의 윤리 의식과 정의감을 실행할 수 있는 실천 역량 창의적 문제해결 역량 : 지식과 정보 기술이 중요한 사회에서 자원을 활용하여 창의적으로 문제를 해결하는 역량
	서강대	학문의 질적 탁월성을 추구해온 전통을 이어 학문적 우수성과 창의성을 갖춘 지성 헌신의 정신과 책임감, 성숙하고 원만한 인격으로 사회와 국가에 공헌할 수 있는 지도적 시민 세계의 변화와 시대적 흐름을 이해하고 이에 대응할 수 있는 비판적 결단력을 갖추어 민족의 번영 및 세계 평화에 기여할 수 있는 참된 인재

지역	대학	인재상
서울	서울교대	초등교육 전문가가 지녀야 할 건전한 인성·인격
		미래의 변화에 대한 열린 마음, 상호협력을 중시하는 열린 마음
		세계 최고의 초등교육 전문가가 되고자 하는 열정
		글로벌 시대에서 필수적으로 요구되는 세계적 수준의 교사 전문성
		타인과 공감·소통하고 배려하는 인성과 교사에 대한 열정·사명감을 지닌 우수한 인재
	서울 과기대	현장형 인재 : 실용적 지식, 실제적 설계력
		글로벌 인재 : 글로벌 리더십, 협력적 의사소통
		윤리적 인재 : 진정성 추구, 도덕적 판단력
		창의적 인재 : 창의적 사고, 문제해결력
		융합형 인재 : 전문적 지식, 통섭적 사고력
	서울대	학교생활을 성실히 수행하고 학업 능력이 우수한 학생
		학교생활에서 적극적이고 진취적인 태도를 보인 학생
		다양한 교육적, 사회적, 문화적 배경과 경험을 지닌 학생
		사회적 약자에 대한 배려와 공동체 의식을 가진 학생
		글로벌 리더로 성장할 수 있는 자질을 지닌 학생
	서울여대	〈PLUS형 인재〉의 3대 핵심역량
		창의적 전문성 : 창의성과 실용적 지식으로 사회와 공동체의 변화를 이끄는 인재
		인성과 소양 : 바른 인성과 소통능력으로 사회와 공동체의 화합을 이끄는 인재
		봉사와 실천 : 봉사와 나눔의 실천으로 사회와 공동체의 미래를 이끄는 인재
	성균관대	인의예지의 품성을 갖춘 건강한 시민교육을 바탕으로 통섭적 지식과 소통의 리더십 그리고 창의적 도전정신을 겸비한 인재상
	성신여대	도전과 창의정신을 바탕으로 전문성과 품격을 겸비한 문화인

지역	대학	인재상
서울	세종대	창조적 지성인 : 과거와 현재를 밑거름으로 미래를 만들어가는 인재 실천적 전문인 : 학문적 이론과 실무 능력을 고루 갖춘 인재 전인적 교양인 : 지성과 감성, 덕성을 조화롭게 발달시킨 인재 헌신적 사회인 : 시대의 요구를 알고 열정적으로 사회에 봉사하는 인재
	숙명여대	국가와 민족, 인류 발전에 기여하려는 여성인재 창의, 자주, 봉사의 정신을 가진 여성인재
	숭실대	인성과 리더십 : 기독교적 인간교육을 통해 사회에 봉사하는 섬김의 리더십을 갖춘 인재 창의성 : 상황에 능동적으로 대처하며, 역발상적 사고로 해법을 찾아내는 문제해결능력을 갖춘 인재 의사소통 능력 : 관점의 다양성을 존중하고 자신의 생각을 논리적으로 나타낼 줄 아는 인재 글로벌 역량 : 타문화 이해와 국제적 적응능력과 도전정신을 지닌 인재 융합사고 역량 : 탄탄한 전공지식을 바탕으로 융합적 지식을 갖춘 인재
	연세대	대학교육에 적합한 학업능력 및 학문적 수월성 추구에 대한 열정 관용, 다양성에 대한 존중, 적극적인 사회참여를 기반으로 한 민주적 시민의식 국제화에 대한 균형 잡힌 시각을 기반으로 한 글로벌 리더십
	이화여대	'기독교적 진선미의 교육이념을 바탕으로 국가와 인류사회의 발전에 공헌하는 세계 최고의 여성 지도자 양성을 목적으로 함' 진 : 지식 탐구에 대한 갈망이 있는 인재 선 : 사랑의 정신이 투철한 인재 미 : 조화, 사람들이 가지고 있는 자유와 독특한 개성을 인정, 존중하며 자신이 가지고 있는 자유와 개성을 발전시킬 인재
	중앙대	〈3대 참의 정신〉

지역	대학	인재상
서울	중앙대	민족과 인류공영에 기여할 수 있는 열린 세계관
		사회 지도자로서 갖추어야 할 교양
		국가사회발전에 기여하는 전문적 지식
		〈3대 참의 정신을 기반으로 만들어진 다섯 가지 인재〉
		자율적 교양인
		실용적 전문인
		실험적 창조인
		실천적 봉사인
		개방적 문화인
	한국외대	〈창학정신 - 진리, 평화, 창조〉
		자주적 탐구인(진리) : 합리적 사고, 폭넓은 지식, 정심대도의 덕성을 지닌 인재
		국제적 한국인(평화) : 민주적 의식, 지도자적 인격, 평화의 사절을 지닌 인재
		독창적 전문인(창조) : 외국어 능력, 국제적 전문지식, 유능한 전문 인력
	한양대	교양인 : 폭넓은 교육을 통하여 근면하고 정직하며 겸손한 인재
		전문인 : 전공분야의 심오한 이론과 고도의 기술을 겸비한 인재
		실용인 : 다양한 학문의 지식을 사회에 응용할 수 있는 인재
		세계인 : 문화적 다원성을 이해하고 국제사회에서 활약할 수 있는 인재
		봉사인 : 지역사회와 국가, 나아가 인류사회의 번영에 공헌하는 인재
	홍익대	홍익인간의 이념을 기반으로 하는 자주, 창조, 협동
인천 경기	경기대	진 : 진리를 탐구한다.
		성 : 모든 일에 정성을 기울여 최선을 다해야 한다.
		애 : 사랑하는 생활을 해야 한다.
	경인교대	큰 힘 : 심오한 진리 탐구
		큰 사랑 : 교직적 품성 도야
		큰 빛 : 민주적 지도성 함양

지역	대학	인재상
인천 경기	인천대	전 생애적 학습능력과 문제 해결 능력을 갖춘 인재
		직업소명의식, 사회적 책임의식, 인격과 품격을 갖춘 인재
	인하대	올바른 사고 판단을 바탕으로 인류 복지에 기여하는 인재
		실천적 진리탐구를 통하여 세계적 안목을 갖춘 창의 도전의 인재
		보편적 세계관을 바탕으로 국가와 민족의 공동체선을 추구하는 지도력을 갖춘 인재
강원	강원대	도덕적 품성을 지닌 창조적 지성인
		전문성 : 폭넓은 교양, 전문지식과 기술, 지적 호기심
		창의성 : 창의력, 문제 해결 능력, 사고의 유연성
		인성 : 성실성, 공동체의식, 열정
	춘천교대	변혁적 지성과 탁월한 성품을 바탕으로 초등교사로서 성장할 잠재력을 갖춘 자
		전문가로서의 교사
		지도자로서의 교사
		헌신하는 교사
		실천적 교사
		봉사인으로서의 교사
충북	청주교대	투철한 사명감, 부단한 연구심, 앞장선 실천력
	청주대	창조적 탐구인 : 폭넓은 교양 배양, 전문적 지식 심화, 창의적 적응력 배양
		도덕적 인격인 : 도덕적 인격 연마, 문화적 소양 증진, 민주시민 정신 함양
		실천적 봉사인 : 실용적 능력 배양, 실천적 봉사정신 육성, 공동체 의식 계발
	충북대	진리, 정의, 개척
	한국 교원대	민족 교육의 정예 지도자 양성, 교육 발전의 견인차 역할, 국가 발전과 인류 공영에 공헌

지역	대학	인재상
대전 충남	공주교대	창조, 협동, 지성
		자주적이고 창조적인 인간
		도덕적이고 협동적인 민주시민
		국가관이 투철한 애국인
		높은 교직적 전문성과 사명감을 지닌 교사
	충남대	창의, 개발, 봉사
	카이스트	과학 기술 분야의 지식 탐구에 호기심과 전문성, 즐거움을 가진 학생
		새로운 분야를 창조하려는 열정과 도전의지를 가진 학생
		높은 주인의식과 협력정신으로 국가와 사회에 봉사하려는 학생
		인류를 위한 환경과 윤리에 대해 깊이 생각하는 학생
		도전과 혁신, 열정으로 인류를 위한 새로운 지식 창출을 선도하는 전 인적 과학기술 인재
광주 전라	광주교대	윤리적 문화인 : 민주시민의 교양을 갖춘 윤리적 문화인
		탐구적 교육인 : 전문성과 사명감을 갖춘 탐구적 교육인
		보편적 세계인 : 다문화 국제 역량을 갖춘 보편적 세계인
	공주대	가치 창조, 진리 탐구, 정의실천
	우석대	실력, 신념, 봉사
	전남대	진리 : 대학 본연의 사명인 진리 탐구
		창조 : 전통문화의 계승과 새로운 문화 창조
		봉사 : 지역사회 개발 위한 선도적인 봉사
	전북대	자유인 : 자유의지로 타인을 존중하며 공동선 구현을 위해 봉사하는 인재
		정의인 : 공정성에 기초하여 평등사회 실현에 기여하는 인재
		창조인 : 개방적이고 독창적 사고를 지닌 창조적 인재
	전주교대	참 : 진리탐구
		사랑 : 고매한 인격과 양식
		새로움 : 미래사회에 능동적으로 대응하는 창조성

지역	대학	인재상
광주 전라	조선대	개성을 지닌 창의적 인재로서 학문적 열정을 가지고 국제적 식견을 겸비하며 봉사정신이 투철한 지도자로 성장할 잠재력이 있는 사람
	지스트	창의적 과학기술 인재 양성을 위한 3C1P 능력 배양 창의성, 의사소통능력, 협동심을 통한 문제해결 능력 배양 Creativity, Communication, Cooperation = Problem solving
대구 경북	경북대	진리 : 학문의 전당인 대학이 추구해야 할 최고, 최상의 가치로서 진리 탐구에 부단히 힘쓴다. 긍지 : 국가와 민족은 물론 인류사회의 발전에 이바지하는 동량지재를 끊임없이 양성해내고 있는 경대인들의 높은 긍지로써 본교의 역사와 전통 및 미래의 비전에 드높은 긍지를 가지는 것을 의미한다. 봉사 : 우리 경대인들이 책임 있는 지성인으로서 사회와 국가, 더 나아가 인류 공동체에 봉사하는 참된 지성인, 자랑스러운 전문인, 실천적인 봉사인을 육성함을 의미한다.
	계명대	자기주도성, 전공적합성, 인성과 윤리, 리더십, 발전가능성
	대구교대	예비 초등교사로서 적합한 교직능력, 교직적성, 교직인성을 갖추고 슬기(지혜), 보람(긍지), 사랑(봉사)을 실천하며 참된 스승의 길을 가고자 하는 인재
	영남대	창의적 문제해결인, 글로벌 리더십의 국제인, 세계화와 지식기반사회의 핵심 인재, 끊임없는 자기개발의 학습인 지식과 정보를 수집·분석·가공하여 새로운 지식과 정보를 창출할 수 있는 인재 문제 해결 능력이 뛰어난 인재 창의성과 진취성, 지성과 야성을 겸비한 인재 냉철한 머리와 따뜻한 마음을 가진 인재 리더십 및 조직융화력이 뛰어난 인재 Blue Ocean에 도전하는 과감성을 가진 인재

지역	대학	인재상
대구 경북	포항공대	창의적 상상력, 융합적 탐구, 변혁적 창조에 기반한 공학교육을 바탕으로 자기주도적 문제해결역량과 사회적 기업가 마인드를 갖춘 세계 최고 수준 인재 창의적 상상력 : 통찰, 창작, 정체성 융합적 탐구 : 국제적, 다학제적, 탐구적 변혁적 참조 : 발명, 개척, 몰입 도전적 문제 해결
부산 경남	경상대	경남에서 세계와 당당히 경쟁하는 ACTIVE GNU 교육의 내실화 및 선진화, 연구의 특성화 및 융합화, 봉사의 지역화 및 세계화
	부경대	열린 사고, 책임 있는 실천력 학문의 자유와 창의적인 연구, 교육 바탕의 인재 양성
	부산교대	인성과 전문성을 갖춘 예비 초등교원 교직(Teacher)에 대한 목적(G.O.A.L)이 뚜렷한 학생 다양한 재능(Talent) 인성(Genuine Personality) 교직 적성(Occupational Aptitude) 학업 성실성(Academic Competence) 공동체 리더십(Leadership&Serving heart)
	부산대	창의적 지식인 : 통섭형 교양교육, 융복합 전공 교육 및 연구, 학생자율 교과과정 개방적 지식인 : 글로벌 문화 캠퍼스, 다문화 융화 교육, 원어민 혼성 수업 봉사하는 지식인 : 전공 연계 국제사회 봉사과정, 지역사회 봉사 과정 글로벌 전문인 : 국제화 교양교육, 7+1 국제화 전공교육, 국제 인증 전공교육

지역	대학	인재상
부산 경남	울산대	창조적 탐구인(진리) : 탐구자적 자세, 과학적 사고방식, 폭넓은 교양과 심미적 안목 자주적 지성인(자주) : 진취적 자아혁신, 자주적 국제인의 자세, 진리를 지키는 용기 유능한 직능인(봉사) : 현장 적응 능력, 조직에 대한 헌신, 직업윤리의 실현
	유니스트	정직하고 남을 배려할 줄 아는 인성을 지닌 자 글로벌 마인드를 가지고 적극적인 자세로 변화를 주도할 수 있는 자 지원 관련 분야의 우수한 학업능력을 성취한 자 학교교육과정에 충실하여 자기주도적 학습능력을 갖춘 자 특정 분야의 재능과 창의성을 갖춘 자 유니스트의 비전을 공유할 수 있는 자
	진주교대	인의예지 역량을 갖춘 품격 있는 초등교사 양성 유능한 초등교사가 될 수 있는 가능성을 지닌 인재
	한국 해양대	풍부한 지식과 전문적 기술을 갖춘 해양인재 국제적 감각과 식견을 갖춘 글로벌 인재 융합적 사고력과 문제 해결능력을 갖춘 창의형 인재 소통과 배려심을 갖춘 공익 인재
제주	제주교대	진리, 정의, 창조
	제주대	자아를 실현하는 전인적 교양인 사회에 봉사하는 선도적 지성인 지식과 가치를 창조하는 전문인 정체성과 개방성을 지닌 세계인
	제주 국제대	경쟁력과 전문성을 지닌 지성인 지성과 감성을 갖춘 융합인 독창성과 개성을 갖춘 창조인

자기소개서가 당신의 인생을 바꾼다

여러분은 앞으로 얼마나 많은 자기소개서를 작성하게 될까요? 어쩌면 대학입시 자기소개서를 작성하는 과정이 힘들어서 이번이 마지막이기를 간절히 바랄지도 모르겠습니다. 하지만 현실은 녹록지 않습니다. 동아리, 봉사활동, 학회, 장학금, 공모전, 취업 등 무언가 새로운 도전을 해야 할 때마다 언제나 자기소개서를 작성해야 합니다. 즉, 여러분을 잘 모르는 사람에게 기회를 달라고 요청할 때마다 늘 자기소개를 해야 하는 것이죠.

흥미로운 점은 대학입시 과정에서 작성하는 공통문항이 가장 기본적인 질문이라는 것입니다. 앞으로 인생에서 어떤 질문을 만나게 되든지 그 의도를 끝까지 파고 들어가다 보면, 결국에는 자신의 가치관, 인성, 능력, 경험을 이야기해야 한다는 것을 깨닫게 됩니다. 그래서 대학

입시 자기소개서를 작성하려고 고민하는 시간은 매우 소중합니다. 어른이 되었다고 갑자기 고민을 잘할 수 있지는 않기 때문입니다. 지금부터 고민하는 습관을 길러야 합니다.

자기소개서에 할당된 분량을 보면서 언제 다 채워 쓰나 하고 고민할 수도 있습니다. 하지만 길게 서술하는 것은 오히려 쉽습니다. 그것을 효과적으로 압축해서 쓰는 것이 사실 더 어려운 일입니다. 무엇이 중요한지 파악해 선택할 것과 포기할 것을 잘 결정해야 하기 때문입니다.

자기소개서를 작성할 때 가장 쉬운 방법은 하고 싶은 이야기를 우선 완벽하지 않은 글의 형태로 쭉 나열해보는 것입니다. 요리를 할 때 재료를 가지런히 준비하는 것처럼 말이지요.

이 책은 자기소개서를 쓰는 '기술'을 알려주는 책이 아닙니다. 기술을 알려주는 책과 글은 수없이 많고, 기술만 필요하다면 이 책을 읽지 않아도 됩니다. 그러나 원하는 대학교가 여러분을 뽑고 싶은 인재로 느끼게 만들고 싶다면 이 책을 읽어야 합니다.

이 책은 자기소개서를 쓰기에 앞서 자신을 잘 이해할 수 있도록 도와주며, 쓰기 시작한 후에는 자신을 온전히 드러낼 수 있게 합니다. 그러다 마침내 원하는 대학교에 합격하는 기쁨을 줄 수 있습니다.

자기소개서는 결국 더 많은 기회를 열 수 있는 출발점인 셈입니다. 그 기회를 잘 살려 세상에서 가장 소중한 여러분이 선택한 인생에서 빛나는 주인공이 될 수 있기를 간절히 바랍니다.

권소라 드림

대입수시전형, 자기소개서로 승부하라